EXTINCTION DE L'HYPOTHÈQUE
DROIT ROMAIN

—

PURGE DES HYPOTHÈQUES LÉGALES DISPENSÉES D'INSCRIPTION ET NON INSCRITES
DROIT FRANÇAIS

—

QUIBUS MODIS PIGNUS VEL HYPOTHECA SOLVITUR
DROIT ROMAIN

PAR

Eugène GUÉRIN

DOCTEUR EN DROIT

AVOCAT A LA COUR D'APPEL

PARIS

A. PERENNE, RUE ST-SÉVERIN, 25

—

1874

EXTINCTION DE L'HYPOTHÈQUE

DROIT ROMAIN

—

PURGE DES HYPOTHÈQUES LÉGALES DISPENSÉES D'INSCRIPTION ET NON INSCRITES

DROIT FRANÇAIS

—

QUIBUS MODIS PIGNUS VEL HYPOTHECA SOLVITUR

DROIT ROMAIN

PAR

Eugène GUÉRIN

DOCTEUR EN DROIT

AVOCAT A LA COUR D'APPEL

PARIS

A. DERENNE, RUE SAINT-SÉVERIN, 25

1874

MEIS & AMICIS

DROIT ROMAIN

DE L'EXTINCTION DE L'HYPOTHÈQUE

(Quibus modis pignus vel hypotheca solvitur D. Livre 20, t. 6.)

INTRODUCTION

L'hypothèque, en droit romain, est l'affectation d'un meuble ou d'un immeuble à l'exécution d'une obligation sans que la possession soit remise au créancier.

A l'origine, le débiteur qui voulait affecter sa chose à la sûreté de sa dette, en transférait la propriété au créancier au moyen d'un *pignus contractâ fiduciâ*, c'est-à-dire que cette constitution de gage était accompagnée d'un contrat de fiducie par lequel le créancier s'engageait à rendre la chose, s'il était payé à l'échéance.

Ce moyen, très-efficace pour le créancier, présentait de graves inconvénients pour les débiteurs : d'abord il pouvait arriver que le créancier vendît le gage sans attendre l'échéance, le terme fixé pour le paiement, ou le grévât de droits réels ; le débiteur, obligé de respecter ces actes, n'avait contre son créancier que l'action de fiducie, action purement personnelle et qui ne pouvait aboutir qu'à une indemnité ; or il pouvait préférer la chose à de l'argent, et, en outre, l'insolvabilité du créancier pouvait rendre cette action absolument illusoire.

En second lieu, le débiteur devait se dessaisir de la possession, inconvénient considérable, car la chose pouvait lui être fort utile. Enfin, obligé de livrer la chose, une seule constitution de gage, quelque modique que fût sa dette, épuisait son crédit.

Aussi la fiducie fut-elle bientôt remplacée par le *pignus* proprement dit ; le débiteur ne confère plus au créancier gagiste la propriété, mais seulement la possession de la chose, qu'il rendra au paiement.

Si le créancier vient à perdre la possession, il peut agir directement contre les tiers détenteurs au moyen des interdits possessoires ; d'un autre côté, le débiteur n'a plus à redouter d'aliénation de la part du créancier ; demeuré propriétaire de la chose, il peut agir contre le créancier lui-même, après l'avoir désintéressé, non plus seulement par l'action *pigneratitia directa*, mais par la revendication.

Un second progrès consista à permettre au créancier de rétrocéder la possession au débiteur avec faculté de la reprendre à volonté ; un contrat de précaire para ainsi à l'inconvénient du dessaisissement. Seulement le créancier pouvait revenir à chaque instant sur sa concession, le débiteur était livré à sa merci. Le préteur Servius trouva le moyen de concilier tous les intérêts : il décida que le preneur d'un fonds rural pourrait affecter comme gage au paiement de sa redevance tous les objets qu'il apporterait dans la

ferme, sans en perdre cependant la possession. Cette institution, créée en vue d'un cas particulier, s'étendit rapide-
ment et se généralisa sous le nom de gage prétorien ou
hypothèque. On put dès lors assurer le paiement de toute
espèce de créance en y affectant les objets qui restaient entre les mains du débiteur.

Entre le gage et l'hypothèque, il y avait plusieurs diffé-
rences ; cependant Marcien dit, dans un texte bien connu :
*Inter pignus et hypothecam tantum nominis sonus dif-
fert* (1). Entre le gage et l'hypothèque, il n'y a que le
nom qui diffère. Mais le jurisconsulte ne parle ici que
de l'action donnée au créancier ; quand il y avait eu remise
du gage, on supposait *a fortiori* la convention d'hypothèque, et on accordait au créancier l'action *quasi Serviana*
ou hypothécaire.

La différence fondamentale entre le gage et l'hypothèque, c'est que le créancier gagiste restait nanti de la possession, tandis que le débiteur gardait entre ses mains la chose
hypothéquée.

De là découlaient ces conséquences particulières :

1° Le débiteur ne pouvait engager qu'une fois la même
chose ; il pouvait au contraire, l'hypothéquer à plusieurs
créanciers successivement.

2° Si le créancier gagiste venait à perdre la possession,
il pouvait exercer l'action quasi-servienne, même avant l'é-
chéance du terme de la dette ou la réalisation de la condition;

---

(1) L. 5, § 2. D. de pignor. et hyp. 20, 6.

le créancier hypothécaire, au contraire, ne pouvait l'exercer que le terme échu, ou la condition réalisée.

3° Enfin le débiteur ne pouvait donner en gage ses biens à venir, tandis qu'il pouvait les hypothéquer.

Mais, à tous autres points de vue, et notamment au point de vue de l'extinction, le texte de Marcien est vrai, les règles du gage et de l'hypothèque sont absolument les mêmes. En conséquence nous nous dispenserons de traiter simultanément l'extinction du gage et de l'hypothèque, et nous ne parlerons que de cette dernière.

Ceci posé, l'hypothèque s'éteint de deux manières :

1° Par voie de conséquence, lorsque s'éteint l'obligation qu'elle garantit.

2° Principalement, lorsque l'extinction de l'hypothèque se produit sans que l'obligation qui lui sert de base soit dissoute.

Cette distinction nous fournit la division la plus naturelle de notre sujet ; nous parcourrons, dans une première partie, les cas dans lesquels l'hypothèque s'éteint par suite de l'extinction de la dette, et, dans une seconde partie, les cas dans lesquels l'hypothèque prend fin, sans que la créance cesse d'exister.

PREMIÈRE PARTIE

Extinction de l'hypothèque par voie de conséquence

L'hypothèque étant un droit accessoire, en ce sens que, d'après sa nature et son but, elle est subordonnée à l'existence d'une créance qu'elle garantit, il semblerait naturel de décider que toutes les fois que la créance garantie par l'hypothèque s'éteint, l'hypothèque doit s'éteindre aussi.

Telle n'était pas la doctrine des Romains qui séparaient précisément l'existence de la créance de celle de l'hypothèque. Il fallait, pour écarter l'action hypothécaire, que la dette eût été payée, ou que le créancier eût reçu satisfaction d'une autre manière : « *si soluta est pecunia aut satisfactum est.* » (1)

Mais toutes les fois que la disparition de l'obligation principale laissait subsister au moins une obligation naturelle, cette obligation naturelle était une base suffisante à l'hypothèque, et celle-ci ne disparaissait point. Cette règle est posée par Ulpien dans la L. 14, § 1 D. de pignor. et hyp. 20. I ; « *ex quibus casibus naturalis obligatio consistit, pignus perseverare constitit.* »

---

(1) L. 13, § 4 D. de pignor. et hyp. 20. I. Voy. Machelard, textes de droit romain, Paris 1856, page 157.

Maintenant, quels sont les cas dans lesquels une obligation naturelle survit à l'obligation civile? C'est ce que nous verrons en parcourant les divers modes d'extinction.

Nous pouvons donc poser la règle suivante : l'hypothèque s'éteint toutes les fois que l'extinction de l'obligation principale ne laisse pas subsister d'obligation naturelle ; réciproquement, l'hypothèque subsiste toutes les fois qu'une obligation naturelle survit à la disparition de l'obligation civile.

Nous allons maintenant passer en revue, en les appliquant à l'hypothèque, tous les modes d'extinction des obligations.

Nous nous occuperons successivement :

Du paiement.

De la dation en paiement.

De la *novation*, de la *litis-contestatio* et des exceptions de procédure.

De la confusion.

Du pacte de *non petendo*.

Du serment et de la chose jugée.

De la prescription.

De la *capitis deminutio*.

CHAPITRE Iᵉʳ.

Du paiement.

De tous les modes d'extinction de l'hypothèque, le paiement est sans contredit le plus fréquent et aussi le plus naturel, car, une fois la dette payée, l'hypothèque n'a plus de raison d'être. Le paiement peut être fait par le débiteur ou par un tiers.

SECTION I

Paiement fait par le débiteur.

Il éteint la dette et tous les accessoires, à la condition d'être réel et intégral. Un paiement partiel n'éteindrait pas partiellement l'hypothèque, mais la laisserait subsister tout entière ; c'est une conséquence du principe d'indivisibilité envisagé sous l'une de ses deux faces.

Si le créancier refuse de recevoir son paiement, le débiteur peut le mettre en demeure, et, s'il persiste dans son refus, consigner la somme ou la chose due ; en pareil cas, la consignation tient lieu de paiement ; c'est un paiement forcé qui éteint la créance et l'hypothèque qui la garantit (1).

(1) L 3, C. de luitione pignoris, 8 31.

A côté du paiement réel, volontaire ou forcé, il y a le paiement fictif qui résultait, en droit romain, de l'acceptilation et de la compensation.

L'acceptilation équivaut au paiement ; elle éteint la créance ainsi que l'hypothèque la garantissant. En effet, l'acceptilation n'est autre chose qu'une déclaration faite par le créancier, qu'il se considère comme payé. L'étymologie du mot l'indique : *Acceptumne habes quod tibi debeo ? Acceptum habeo*. Le créancier se déclare satisfait ; il libère le débiteur, et la conséquence naturelle est que l'hypothèque s'éteint avec la créance.

La compensation est également un paiement fictif ; voyons comment elle peut éteindre l'obligation, et par suite, l'hypothèque qui y est attachée.

Nous supposons que le créancier hypothécaire est en même temps débiteur de son débiteur. Cet état de choses ne peut modifier en rien leur situation respective, ni exercer aucune influence sur le sort de l'hypothèque.

Les Romains, en effet, n'ont pas connu la compensation légale, s'opérant par la force du droit, à l'insu des parties, et dès l'instant où les obligations ont coexisté ; c'était le juge qui opérait la compensation ; jusque-là les deux créances ne recevaient aucune atteinte.

Ceci posé, supposons que le créancier hypothécaire paie à son débiteur ce qu'il lui doit : a-t-il payé par erreur ? Il aura la « *condictio indebiti* » pour réclamer ce qu'il a payé : « *si quis compensare potens solverit*, dit Ulpien, *condicere*

poterit quasi indebito soluto. **›** **L.** 10,§ I **D**, *de compensat*
16. 2.

La *condictio indebiti* est accordée, en effet, non seulement à celui contre qui aucune action n'existait, mais
encore à celui qui avait à son service une exception perpétuelle; or telle est notre espèce : notre créancier hypothécaire pouvait opposer à l'action de son débiteur, à quelque
époque qu'elle fût intentée, l'exception « *doli mali.* »

Outre la *condictio indebiti* notre créancier aura l'action
de sa propre créance, puisque la compensation judiciaire
n'a pas eu lieu et n'a pu l'éteindre : « *si rationem compen-
sationis judex non habuerit, salva manet petitio. L. 7. § I
D. de compens.* 16. 2.

Il aura donc le choix entre la « *condictio indebiti* » et l'action de sa propre créance: il intentera la première si l'*accipiens* est solvable et qu'il préfère la chose qu'il a payée à
celle qui lui est due, si, au contraire, l'*accipiens* est insolvable, l'hypothèque qui garantit l'action résultant de la
créance, mettra le *solvens* à l'abri de cette insolvabilité.

Si le *solvens* n'a pas payé par erreur, mais volontairement, il n'aura plus la « *condictio indebiti* ; » il pourra
alors se prévaloir de l'hypothèque qui garantit sa créance.

Supposons maintenant que l'une des parties agisse contre
l'autre : si le demandeur est un « *argentarius,* » il opérera
lui-même la compensation dans l'*intentio* de la formule,
sous peine de « *plus petitio.* » pourvu que les deux obligations soient fongibles, liquides et exigibles ; c'est cette
compensation qui éteint la créance du défendeur avec

l'hypothèque qui pouvait la garantir. S'il s'agit de tout autre demandeur, c'est le juge lui-même qui opérera la compensation ; cette compensation judiciaire éteindra l'obligation ainsi que l'hypothèque qui en est l'accessoire.

SECTION II

Paiement fait par un tiers.

En général, le paiement fait par un tiers, comme celui
fait par le débiteur, éteint la créance avec ses accessoires,
cependant, il y a des cas dans lesquels les choses ne se passent pas ainsi, et nous allons voir la créance s'éteindre et
l'hypothèque garantissant cette créance, survivre à son
extinction.

Nous laisserons de côté les cas où le paiement est effectué, par un gérant d'affaires, par un « *fidéjusseur,* » ou
par un tiers détenteur de la chose hypothéquée. Le premier
agit dans l'intérêt du débiteur et pour lui rendre service ;
s'il ne veut pas en être réduit à l'action « *negotiorum ges-
torum,* » il demandera au créancier qu'il lui cède son action avec toutes les sûretés qui la garantissent ; cette cession
est, du reste, purement volontaire de la part de ce dernier.
Quant au *fidéjusseur* et au tiers détenteur, ils sont personnellement intéressés au paiement de la dette ; en payant,
ils peuvent, au moyen de l'exception « *cedendarum actio-
num,* » contraindre le créancier à la cession de ses actions
et de tout ce qui sert d'accessoire. Mais, à proprement parler, il n'y a pas là de paiement ; les Romains y voyaient une

vente de créance accompagnée d'une cession d'actions ; « *quodammodo nomen debitoris vendidit.* » (1)

Mais il y a des cas dans lesquels il y a paiement véritable, dans lesquels la créance est véritablement éteinte, et où cependant l'hypothèque survit ; par exemple quand il y a exercice du *jus offerendæ pecuniæ.*

Jus offerendæ pecuniæ.

M. Pellat (2), définit le *jus offerendæ pecuniæ* : le droit en vertu duquel un créancier hypothécaire peut prendre la place d'un autre créancier hypothécaire, ou même, dans certains cas, de celui à qui la propriété de la chose engagée aurait déjà été transportée, en lui offrant de le désintéresser.

« *Le jus offerendæ pecuniæ* » ne compète qu'aux créanciers hypothécaires ; les créanciers chirographaires ne peuvent prétendre l'exercer ; « *L. 10 C. qui potiores in pignore 8. 18.* » Ils ne pourraient se substituer ainsi à un créancier hypothécaire que par une cession formelle et régulière.

Par l'exercice du *jus offerendæ pecuniæ* tout créancier hypothécaire peut se substituer aux lieu et place d'un autre créancier hypothécaire qui lui est préférable par l'ordre de son hypothèque. On comprend l'intérêt qu'il peut avoir à cette substitution : le premier créancier, par exemple, va faire vendre le gage dans des conditions défavorables, de telle sorte que le second court le risque de n'être

(1) L. 36 D. de Fidejus. 46. 3.
(2) Traité du gage et de l'hypothèque, page 103.

pas payé ; il peut alors payer le créancier qui le prime, et prendre son rang d'hypothèque pour les sommes avancées.

« Le *jus offerendæ pecuniæ* peut être exercé non seulement par un créancier hypothécaire postérieur, vis-à-vis d'un créancier hypothécaire antérieur, mais encore par un créancier hypothécaire antérieur, vis-à-vis d'un créancier hypothécaire postérieur, ainsi que cela résulte de ce texte de Paul : « *sed et prior creditor secundum creditorem si voluerit dimittere, non prohibetur, quamquam in pignore potior sit. (Sent. L. II t. 13 § 8).* »

On ne voit pas, au premier abord, l'intérêt que peut avoir le *prior creditor* à faire cette *oblatio pecuniæ*. Cependant cet intérêt existe : supposons, par exemple, que les créanciers postérieurs contestent le rang du plus ancien ; celui-ci peut vouloir les payer pour éviter le procès, surtout s'il espère vendre le gage de manière à couvrir ses déboursés. Ou bien le premier créancier est simplement hypothécaire, tandis que le second est un créancier gagiste ayant la possession avec les interdits qui la protégent ; en payant ce créancier, le premier prendra sa place et jouira des avantages de la possession. « *L.* 10 *de pignor. et hyp. D.* 20. I. »

« Le *jus offerendæ pecuniæ* peut être exercé : 1° contre un créancier hypothécaire, alors même que celui-ci aurait déjà acquis la propriété de la chose hypothéquée par un achat ou une dation en paiement . *L.* 5. § 1 *de distract. pignor. D.* 20. 5 (1).

(1) Pellat, Gage et hypoth. page 104.

On nous objecte la confusion opérée sur la tête du créancier devenu propriétaire : comment peut-il avoir hypothèque sur sa propre chose ? Comment, dès lors, le *jus
offerendæ pecuniæ* peut-il être exercé, contre lui, puisqu'il
n'est plus créancier hypothécaire ?

La réponse est aisée : la confusion qui résulte de la réunion sur la même tête des deux qualités incompatibles de
créancier hypothécaire et de propriétaire a moins pour effet
d'éteindre l'hypothèque que d'en paralyser l'exercice, en
sorte que le créancier devenu propriétaire peut exercer son
hypothèque dans tous les cas où il y trouve quelque intérêt. Dès lors, si l'hypothèque peut produire des effets en sa
faveur, pourquoi n'en pourrait-elle produire contre lui ?
Et si elle est plutôt paralysée qu'éteinte, pourquoi les créanciers postérieurs seraient-ils privés du *jus offerendæ pecuniæ* ?

2° Contre les cautions du débiteur à qui le gage a été
laissé à titre d'achat en conséquence du paiement qu'elles
ont fait pour lui. *L. 2 D. de distract. pignor. 20. 5.*

Voici l'espèce prévue par le texte : un fidéjusseur pou-
suivi par un créancier hypothécaire dont il avait cautionné
la créance, a obtenu du juge que la chose hypothéquée
lui serait attribuée à titre de vente ; les autres créanciers
hypothécaires pourront exercer contre lui le *jus offerendæ
pecuniæ*, à la charge de lui rembourser, non-seulement ce
qu'il a payé, mais les intérêts courus depuis la vente,
« parce que, dit Papinien, une vente de ce genre n'est
« faite que par une nécessité de droit, et n'a pour objet,

« dans l'intention des parties, que la translation de la pos-
« session à titre de gage. »

3° Enfin contre le tiers, acheteur de la chose hypothéquée dont le prix a servi à désintéresser un créancier
antérieur, et qui lui a été, en conséquence, légalement
subrogé. Toutefois, dans notre hypothèse, le *jus offerendæ
pecuniæ* ne pourra être exercé que si le créancier premier
en rang n'est pas intervenu à la vente ; il faut que ce soit le
débiteur qui ait vendu ; si le créancier antérieur pouvait
être considéré comme vendeur, la vente aurait purgé toutes
les hypothèques ultérieures — *L.* 3 § I *D. de distract pignor.* 20. 5.

Le créancier qui exerce le *jus offerendæ pecuniæ* doit
rembourser au créancier dont il veut prendre la place,
tout ce que celui-ci a droit d'exiger du débiteur en capital
et intérêts — *L.* 5.*C. qui potior. in pignore* 8. 18.

S'il l'exerce contre un tiers-acquéreur, il doit lui payer
ce que celui-ci a déboursé pour acquérir la chose, plus les
intérêts à partir du paiement fait par le tiers-acquéreur au
précédent propriétaire. *LL.* 2 *et* 3, § 1, *D. de distract
pignor.,* 20. 5.

A ces conditions, le solvens est mis aux lieu et place de
l'accipiens. La créance de ce dernier se trouve éteinte, et,
à la place de cette créance, surgit, au profit du solvens,
une autre créance à laquelle vient se rattacher l'hypothèque
qui garantissait la créance éteinte. Ce résultat est remarquable, car, chez les Romains, la subrogation n'était que
conventionnelle, à la différence de ce qui a lieu chez nous

dans les cas déterminés par l'art. 1251 C. C. Ici nous avons une subrogation dans l'hypothèque du créancier primitif, qui se produit indépendamment de toute convention expresse à cet égard, une véritable subrogation légale.

Cette subrogation se produit encore dans deux cas : celui où le débiteur vend à un tiers la chose hypothéquée, à la condition que le prix servira à désintéresser le premier créancier hypothécaire, et celui où un tiers prête au débiteur des deniers destinés à désintéresser le premier créancier hypothécaire.

Premier cas. Le débiteur vend à un tiers la chose hypothéquée, et le tiers-acquéreur paie son prix entre les mains du premier créancier hypothécaire. En principe, il n'est pas subrogé de plein droit dans l'hypothèque de ce dernier, car en droit romain, la subrogation ne peut résulter que d'une convention expresse. Mais si la vente a été faite, à la condition que le prix servirait à désintéresser le premier créancier hypothécaire, et, qu'en fait, les choses se soient ainsi passées, alors la subrogation a lieu au profit de l'acquéreur. *L. III, C. de his quis in prior. cred. locum succedunt,* 8, 19. Dans cette clause d'emploi dont parle le texte : *ita ut pretium perveniret ad priores creditores,* le jurisconsulte voit l'intention bien formulée par l'acquéreur de se faire subroger dans l'hypothèque du créancier qu'il désintéresse.

Second cas. Le débiteur a désintéressé le premier créancier hypothécaire avec des deniers qu'il avait empruntés ;

supposons d'abord que le prêteur a fourni purement et simplement les fonds : il n'est pas subrogé au créancier désintéressé, il demeure simple créancier chirographaire, et se trouve, à ce titre, primé par les créanciers hypothécaires postérieurs.

Supposons, en second lieu, qu'il a prêté les deniers à la condition qu'ils seraient employés à payer le premier créancier hypothécaire, et que les deniers ont, en effet, reçu cette destination : ici l'intention du prêteur ne saurait être révoquée en doute ; il n'a pas voulu suivre la foi de l'emprunteur, il a voulu être subrogé dans l'hypothèque du créancier que son argent a désintéressé. Néanmoins cette subrogation ne se produira pas ; elle ne se produira que s'il y a, en outre, constitution spéciale d'hypothèque au profit du prêteur : *sub hoc pacto ut idem pignus ei obligetur et in locum ejus succedat. L. I. C. de his qui in prior. credit., etc.,* 8, 19.

Cependant nous venons de voir qu'en cas d'aliénation, la condition d'emploi des fonds, jointe à l'aliénation suffit pour réaliser la subrogation ; ici le texte exige de plus une constitution d'hypothèque. C'est qu'en cas d'aliénation, le tiers-acquéreur devenu propriétaire, est investi d'un droit réel sur la chose ; en cas de prêt, le prêteur n'a qu'une action personnelle ; une constitution d'hypothèque peut seule lui conférer ce droit réel qui lui est nécessaire pour qu'il puisse succéder à une première hypothèque.

CHAPITRE II

Lorsque le créancier consent à recevoir en paiement une chose autre que celle qui lui est due, il est clair que sa créance a été éteinte par cette *datio in solutum*, et, avec elle, l'hypothèque qui la garantissait.

On avait autrefois discuté le point de savoir si la *datio in solutum* éteignait l'obligation *ipso jure*, comme le paiement. C'était l'opinion des Sabiniens ; les Proculiens, au contraire, soutenaient qu'elle opérait *exceptionis ope*, mais leur doctrine ne prévalut pas. *Gaïus, III,* § 168. *L.* 17, *C. de solut.*, 8, 43.

La *datio in solutum* valablement faite éteint l'obligation, et, par voie de conséquence, l'hypothèque qui la garantissait. Mais si elle est faite *a non domino*, et que le créancier soit ensuite évincé de la chose qu'il a acceptée en paiement, qu'arrivera-t-il ? L'ancienne créance revivra-t-elle ainsi que l'hypothèque, ou l'une et l'autre sont-elles définitivement éteintes ?

Cette question est vivement controversée par les interprétes ; la difficulté provient de deux textes qui paraissent en contradiction ; d'une part, Ulpien, dans la *L.* 24 *princ. D. de pignerat. act.* (13, 7) donne au créancier évincé une action *utilis ex empto,* c'est-à-dire une action autre que celle dérivant de sa créance. D'autre part, Marcien *(L.* 44 *pr. D. de Solut.* 46, 3*)* enseigne qu'il se trouve avoir conservé son action primitive, la dation en paiement devant être considérée comme non avenue.

Cujas et Pothier ont essayé de concilier ces deux textes ; nous ne discuterons pas cette question, qui est plutôt une question d'extinction de dette que d'extinction d'hypothèque ; nous nous contenterons d'indiquer l'opinion de M. Labbé qui nous paraît la meilleure ; la *datio in solutum* faite à *non domino* n'éteint aucun des droits primitifs du créancier, car celui-ci n'a consenti à recevoir la chose en paiement, et par suite à renoncer à son hypothèque, qu'à la condition qu'on le rendît propriétaire. Cette condition manquant, la *datio in solutum* est non avenue, le créancier conserve toutes les sûretés qui garantissaient sa créance primitive.

CHAPITRE III

**De la novation, de la litis contestatio et des exceptions
de procédure.**

La novation, suivant la définition d'Ulpien, est la substitution d'une obligation nouvelle à une obligation ancienne qui se trouve éteinte : *prioris debiti in aliam obligatiorem transfusio ac translatio. L. I, D. de novat.*, 46, 2.

L'extinction de l'obligation primitive par la novation, que celle ci ait lieu par changement de débiteur, de créancier ou de dette, entraîne, en principe, celle de l'hypothèque qui en était l'accessoire. Mais il en est autrement lorsque l'hypothèque a été formellement réservée pour sûreté de la dette nouvelle : *novata debiti obligatio pignus perimit, nisi convenit ut pignus repetatur. L.* II, § 1. *D. de pignerat. act.* 13, 7.

Lorsque la novation s'opère entre le même créancier et le même débiteur, cette réserve de l'hypothèque ne souffre aucune difficulté ; les parties peuvent convenir que l'hypothèque qui garantissait l'ancienne obligation, garantira, en conservant son rang, l'obligation nouvelle ; mais, bien entendu, cette réserve ne produit son effet que dans les limites de l'ancienne obligation, afin de sauvegarder les intérêts des créanciers intermédiaires. *L. L. 3 et 12, § 5. D. qui pot. in pign. 20, 4.*

Supposons maintenant une novation par changement de débiteur; il y a *expromissio* : il est incontestable que le créancier et l'*expromissor* peuvent, avec le consentement du débiteur primitif, réserver sur la chose de ce dernier, l'hypothèque qui garantissait son obligation, et la rattacher comme sûreté à l'engagement du débiteur nouveau. Mais le pourraient-ils sans le consentement du débiteur? Pothier (oblig., chap. 2, art. 5) a soutenu que non « le nouveau « débiteur à qui les choses n'appartiennent pas ne pou- « vant pas, sans celui à qui elles appartiennent, les hypo- « théquer à la nouvelle dette. » Il s'appuie sur ce 'texte de Paul : *Paulus respondit, si creditor a Sempronio animo novandi stipulatus esset, ita ut a primâ obligatione in universum discederetur, rursus easdem res a posteriore debitore sine consensu debitoris prioris obligari non posse. L. 30. D. de novat., 46, 2.*

Ce texte n'est pas concluant et ne peut résoudre la question que nous avons posée. Paul, en effet, suppose une obligation novée sans réserve, *ita ut a primâ obligatione, in universum discederetur,* puis il se demande si après coup *rursus,* le créancier et l'*expromissor* peuvent, sans le consentement du débiteur primitif, hypothéquer à nouveau la chose de ce dernier. La négative est évidente, car dès que la créance a été novée sans réserve, les hypothèques qui s'y trouvaient attachées, sont définitivement éteintes. Mais tout autre est la question que nous posons : au moment de l'*expromissio*, le créancier et l'*expromissor* peuvent-ils laisser subsister l'hypothèque existant sur les biens du débiteur primitif sans le consentement de ce dernier, et dans la limite de la dette orginaire? Voilà ce que nous recherchons.

Du moment où la loi romaine admettait que cette survivance des hypothèques avec leur rang originaire, pouvait avoir lieu avec le consentement du débiteur primitif, et n'y voyait, malgré l'extinction de la créance par suite de la novation, aucune impossibilité juridique, elle eût pu l'admettre sans inconvénients dans le cas même où l'ancien débiteur n'y aurait point formellement consenti; une telle solution n'eût pas empiré la situation du débiteur; mais aucun texte ne paraît avoir prévu la question, et nous ne trouvons nulle part une solution précise sur ce point (1).

Quoi qu'il en soit, si l'hypothèque avait été attachée à l'ancienne dette par un tiers étranger au contrat, comme il s'est engagé sans doute en considération de la personne et de la solvabilité du débiteur primitif, il serait inique de déclarer que la seule convention du créancier et du débiteur nouveau suffit pour la maintenir. Ce tiers est ce que nous appelons en droit français une caution réelle, qui, à ce titre et au point de vue qui nous occupe, doit être traité comme un fidéjusseur, et n'être tenu de la nouvelle dette qu'autant qu'il s'y est obligé expressément : *Novatione legitime perfecta debiti in alium translati prioris contractus*

____

(1) Voy. cepend. L.11 §1. D. 13, 7. L. un. C. etiam ob chirogr., 8, 27.

fidejussores esse liberatos non ambigitur, si modo in sequenti se non obligaverunt. L. 4. C. de fidej., 8, 41. L. 60. D. de fidéj., 46, 1.

Pour que la dette primitive et l'hypothèque s'éteignent par novation, il faut que la novation ne soit pas seulement apparente, mais se réalise effectivement. Ainsi, il n'y a pas novation, si l'ancienne obligation n'est pas, au moins, remplacée par une obligation naturelle. *L. 1. D. de novat.*, 46, 2. En conséquence, dans le cas où la nouvelle dette destinée à nover l'ancienne est contractée par une femme, et tombe sous le coup du Sénat. Velléïen, la dette primitive n'est nullement éteinte par novation, car le Sénat. Velléïen ne laisse même pas survivre aux actes qu'il annule une obligation naturelle; *totam obligationem senatus improbat.* L. 16, § 1. D. ad Sen. Vell., 16, 1.

De même, si un mineur de 25 ans, après s'être obligé dans le but de nover une dette, se faisait restituer *in integrum* contre son obligation, il n'y aurait pas eu novation, et le créancier recouvrerait son action primitive et l'hypothèque qui la garantissait. *L. 50 D. de minor. 4. 4.*

La *litis contestatio* opérait, en un certain sens, novation de l'obligation primitive « *quæ in judicium deducta erat,* » c'est-à-dire qu'elle remplaçait l'obligation primitive par une obligation différente, soit « *ipso jure* », s'il s'agissait d'un « *judicium legitimum* », soit « *exceptionis ope* », s'il s'agissait d'un « *judicium imperio continens.* » Les jurisconsultes romains exprimaient cette idée en disant : « *ante litem contestatam dare debitorem oportere post litem contestatam condemnari oportere.* » Et s'il intervenait une condamnation contre le débiteur, il s'opérait encore une sorte de novation, car alors c'était l'action « *judicati* » qui était accordée au créancier : « *post condemnationem judicatum facere oportebat. (Gaïus III,* § 180 *et* 181. *IV* § 106 *et* 107).

Mais ces novations n'avaient aucune influence sur les hypothèques garantissant l'obligation « *deducta in judicium* », et l'action hypothécaire survivait à la disparition de l'action du contrat originaire. C'est ce qui résulte nettement de la *L.* 13 § 4 *D. de pignor et hyp.* 20. 1 : « *etiam creditor debitorem judicatum fecerit, hypotheca manet obligata... licet damnatus sit (reus) hypotheca manet obligata.* »

La raison que donnent les textes de cette survivance de l'hypothèque, c'est que l'action exercée par le demandeur doit améliorer et non empirer sa situation ; or elle l'empirerait si les sûretés qui garantissent sa créance disparaissaient. Le maintien de ces sûretés, malgré la « *litis contestatio,* se concilie très-bien avec les principes du droit : il n'y a point ici de paiement ni de mode de satisfaction analogue. De plus une obligation naturelle survit à la « *litis contestatio* » (*L.* 8 § 3 *D. de fidej.*), et cette obligation naturelle, aux termes de la *L.* 14 § I. *D. de pign. et hyp.* 20, est suffisante pour soutenir l'hypothèque (1).

Cette remarque présente un très-grand intérêt pour le

____

(1) Voy. Machelard, Obligations naturelles, pages 364 et suiv.

créancier hypothécaire, dans le cas où le procès n'aboutit pas à la condamnation du débiteur par suite de l'inobservation des règles de la procédure. Ainsi, dans l'hypothèse de péremption d'instance (*litis amissio*), le débiteur était bien à l'abri de l'action *deducta in judicium*, mais il subsistait toujours à sa charge une obligation naturelle suffisante pour servir de fondement à l'hypothèque et à l'action hypothécaire.

Dans bien d'autres hypothèses, la législation romaine, rigoureuse et formaliste, déclarait le créancier déchu de son droit pour contravention aux règles de la procédure, et accordait au débiteur des exceptions à l'aide desquelles il pouvait invoquer cette déchéance : telles sont les exceptions *litis dividuæ, rei residuæ, cognitoriæ*. Etait également déchu le demandeur créancier de prestations successives, à échéances périodiques, lorsqu'il poursuivait le paiement des prestations exigibles sans insérer dans la formule la « *præscriptio ea res agatur cujus rei dies fuit* ».

Dans tous ces cas, il survivait une obligation naturelle autorisant le créancier à exercer encore l'action hypothécaire (1).

Enfin le créancier pouvait perdre son droit, fut-il des plus certains, par suite de *plus petitio* ; cependant l'action hypothécaire survivait encore à cette perte. (*L. 27 D. de pignor. et hyp. 20. I.*)

(1) Gaïus IV § 122 à 123. — 131 à 132. — Machelard, Oblig. nat. p. 380 et 388.

CHAPITRE IV.

Lorsque les patrimoines du créancier et du débiteur sont réunis sur la même tête, on dit qu'il s'opère alors une confusion qui éteint la dette, par suite de l'impossibilité dans laquelle se trouve celui qui joue le double rôle de créancier et de débiteur, de se poursuivre lui-même : *Confusio*, disaient les Romains, *potius eximit personam ab obligatione quam extinguit obligationem. L.* 71 *pr. D. de fidej.* 46 1.

C'est ce qui se produit quand le créancier succède au débiteur ou réciproquement ou que un tiers succède à la fois à l'un et à l'autre.

Tant que dure la confusion, il est évident que le créancier, débiteur de lui-même, ne peut exercer ni l'action personnelle ni l'action hypothécaire ; mais si la confusion venait à cesser, si l'impossibilité d'exiger le paiement de l'obligation avait disparu, les actions du créancier renaîtraient-elles à son profit ?

Il est une hypothèse dans laquelle cette résurrection était admise, sans aucun doute, en droit romain : c'était celle où le créancier institué héritier par son débiteur, se voyait repoussé de l'hérédité par l'exercice de la *querela inofficiosi testamenti.* Dans ce cas, les Romains décidaient que l'institué ne devait éprouver aucun préjudice ; le défunt était réputé décédé intestat, dès lors les choses devaient être traitées comme s'il n'y avait pas. eu institution : *perinde omnia observari oportere ac si hereditas adita non fuisset.* *L.* 21 § 2 *D. de inoff. testam.* 5. 2. — Le créancier rentrait dans ses droits, la confusion était anéantie, et la créance primitive renaissait avec les hypothèques qui la garantissaient (1).

Mais supposons que les patrimoines, réunis d'abord dans les mêmes mains, se trouvent ensuite séparés par un autre motif que l'exercice de la *querela* : quels seront les droits du créancier hypothécaire ?

Un texte célèbre qui forme la *L.* 59 *D. ad Senat. Trebell.* 36. I, répond à cette question. Voici l'espèce prévue par ce texte : un créancier hypothécaire a été institué héritier par son débiteur, à charge de fidéicommis ; mais jugeant l'hérédité suspecte, il refuse de faire adition. Le fidéicommissaire, invoquant le Sénat. Pégasien, fait appel à l'intervention du *prætor fideicommissarius,* et celui-ci donne à l'institué l'ordre de faire adition. Quels sont les droits du créancier, se demande le jurisconsulte Paul ?

Assurément l'obligation civile a été atteinte par confusion « *aditione hereditatis.* » Mais ne subsiste-t-il pas même une obligation naturelle suffisante pour que le créancier puisse exercer l'action hypothécaire ? « *Videamus et pignus*

(1) Machelard, Oblig. natur. page 296.

liberatum sit, sublatâ naturali obligatione; » ce qui signifie : faut-il admettre que le gage est libéré parce qu'il
n'y aurait pas même obligation naturelle?

Paul soutient la négative ; il déclare que l'action hypothécaire reste à la disposition du créancier, et il motive cette
survivance du *pignus* sur ce qu'il n'y a pas eu paiement de
dette ou satisfaction équivalente : « *verum est enim pecuniam
non esse solutam*» et il ajoute : « *remanet ergo propter pignus
naturalis obligatio.* » On serait tenté, au premier abord, de
dire qu'il y a une interversion dans les termes, et qu'il
faut remplacer la phrase précitée par celle-ci ; « *remanet
ergo pignus propter naturalem obligationem.* » En effet ce
n'est pas la survivance d'une obligation naturelle qui est la
conséquence du maintien du gage, c'est au contraire le
maintien du gage qui est une conséquence attachée à la
survivance d'une obligation naturelle. Ce n'est là toutefois
qu'une fausse apparence, et la proposition doit être maintenue telle qu'elle est formulée par Paul ; le jurisconsulte
veut dire que la confusion a laissé subsister une obligation
naturelle, et que, dans l'espèce, cette obligation naturelle
sera efficace à raison du gage qui la garantit (1).

Nous avons supposé jusqu'ici la confusion opérée entre
les qualités de créancier et de débiteur : qu'arriverait-il s'il y
avait confusion entre la qualité de débiteur principal et
celle de fidéjusseur?

Ainsi le fidéjusseur est devenu l'héritier du débiteur

______

(1) Machelard, Oblig. nat. pages 302 et suiv.

principal ou réciproquement ou bien un tiers a succédé à l'un et à l'autre. La qualité de fidéjusseur va-t-elle s'absorber dans celle de débiteur principal, ou bien est-ce le phénomène inverse qui va se produire?

Une distinction est nécessaire : si l'obligation principale est plus pleine que l'obligation accessoire, celle-ci va disparaître : le fidéjusseur sera déchargé, et avec lui le sous-fidéjusseur *fidejussor fidejussoris* c'est-à-dire celui que, dans notre langage moderne, nous appelons le certificateur de caution. Si le fidéjusseur, au lieu de fournir un sous-fidéjusseur, avait constitué une hypothèque quel serait le sort de cette hypothèque? Africain décide, dans *L.* 38 *D. de solut* 46, 3 que l'hypothèque survit à la confusion ; et le motif, c'est que l'action hypothécaire est régie par des règles spéciales *suas habet conditiones* ; pour que l'hypothèque s'éteigne, il faut un paiement, ou un mode de satisfaction analogue, et l'absorption de l'obligation du fidéjusseur par l'obligation principale, en cas de confusion, n'est ni l'un ni l'autre.

Si, au contraire, c'est l'obligation accessoire qui est prépondérante, comme, par exemple, quand le débiteur principal n'est tenu que naturellement, tandis que le fidéjusseur est tenu civilement, c'est l'obligation principale qui s'absorbe dans l'obligation accessoire, d'où il suit que le *fidejussor fidejussoris* restera obligé, de même que l'hypothèque sera maintenue.

—

CHAPITRE V

Du pacte de non petendo.

Lorsqu'il intervient entre le débiteur et le créancier un simple pacte en vertu duquel ce dernier s'engage à n'intenter jamais ou à n'intenter que dans un délai déterminé l'action du contrat « *pactum ne pecuniam petat, pactum ne intrà annum pecuniam petat* », le pacte expressément convenu à propos de la créance s'applique aussi à l'hypothèque, et le débiteur peut paralyser à jamais ou pendant un certain temps l'action hypothécaire, absolument comme l'action personnelle de son créancier à l'aide de l'exception « *pacti conventi* » « *si pasciscatur creditor ne intra annum petat, intelligitur de hypotheca quoque idem pactus esse. L. 5 §1 D. 20. 6.* »

Si, au lieu d'être entre les mains du débiteur, la chose hypothéquée à la créance est entre les mains d'un tiers détenteur, celui-ci peut également se prévaloir du pacte « *de non petendo* » pour repousser l'action hyhécaipotre.

Il va de soi que ce pacte, pour éteindre l'obligation, et, par contre-coup, l'hypothèque, doit émaner d'une personne capable de le consentir, sinon les ressources habituellement données par le préteur aux personnes dont le consentement est vicié, seraient accordées contre lui. « *L.* « 5 *C. de remiss. pign.* 8. 26. *L.* 28 *D. de pactis* 2. 14. »

Rappelons que le pacte de *non petendo* consenti à l'un des codébiteurs solidaires ou à un fidéjusseur, peut, s'il est consenti « *in rem* » profiter aux autres codébiteurs solidaires ou au débiteur principal. « *L.* 21 § 5 *D. de pactis* 2. 14 ».

CHAPITRE VI

Du serment et de la chose jugée.

Un mode d'extinction qui a beaucoup d'analogie avec le pacte de *non petendo*, sans toutefois se confondre avec lui, c'est le serment.

Lorsque le créancier défère le serment au débiteur sur l'existence même de l'obligation, et que le débiteur jure qu'il ne doit rien, la dette, et avec elle, l'hypothèque qui la garantissait, est définitivement éteinte. C'est ce que décide la « *L. 13 D. quib. mod. pign. vel hyp. solvitur,* » en ces termes : « *si deferente creditore juravit debitor se dare non oportere, pignus liberatur.* » Ce résultat ne doit pas nous surprendre : à quel titre, en effet, l'hypothèque persisterait-elle ? Le serment dont il s'agit a été considéré par le créancier comme un mode de satisfaction analogue au paiement : le créancier est censé avoir dit au débiteur : jurez que vous ne me devez rien et je vous tiens quitte vis-à-vis de moi.

La Loi 13 que nous venons de citer rapproche du serment la chose jugée, et semble donner à celle-ci les mêmes effets juridiques, au point de vue qui nous occupe ; elle ajoute, en effet : « *pignus liberatur quia perinde habetur atque si judicio absolutus esset (debitor).* › Cependant ce texte si formel et si absolu a fait naître des difficultés et donné lieu à bien des controverses.

Posons d'abord nettement la question : lorsqu'un jugement a décidé que la personne à laquelle le créancier réclamait le paiement d'une dette, n'en était pas réellement tenue, quand il y a eu, en d'autres termes, sentence d'absolution en faveur du débiteur, l'action hypothécaire subsiste-t-elle encore au profit du créancier, et pourrait-il l'exercer utilement en prouvant que le juge a commis une erreur, et qu'il existe toujours à la charge du débiteur hypothécaire une obligation naturelle ?

Nous laisserons de côté le cas où l'absolution aurait été la conséquence d'un dol du défendeur ; dans ce cas, si le jugement d'absolution était un *judicium legitimum* éteignant *ipso jure* l'action primitive, le demandeur pourra recourir à l'action de dol ; si ce jugement était *imperio continens*, l'action primitive n'est éteinte qu'*exceptionis ope* et peut être intentée à nouveau ainsi que l'action hypothécaire ; à l'exception *rei judicatæ* opposée par le défendeur, le demandeur opposera avec succès la *replicatio doli*.

Mais supposons que le défendeur a été absous sans recourir à des manœuvres dolosives : permettrons-nous au créancier de remettre en litige la question tranchée par le jugement, en exerçant l'action hypothécaire, et en soutenant que l'absolution n'a eu lieu que par suite d'une erreur du juge et a laissé subsister une obligation naturelle ?

La L. 13 *D. quib. mod.* semble décider formellement la

négative : *namet si a judice quamvis per injuriam absolutus si debitor, tamen pignus liberatur.* Ainsi le jurisconsulte Tryphoninus est bien précis : si le débiteur a été absous, l'eût-il été par suite d'une erreur du juge, *pignus liberatur,* l'hypothèque est éteinte.

Cependant les commentateurs ont lutté, contre ce texte si formel et si général ; le but de toutes les interprétations et de toutes les distinctions proposées par les romanistes allemands (1) était d'établir que le jugement d'absolution laisse subsister au profit du créancier une obligation naturelle. Pour en arriver là il fallait bien contester la portée générale de la L. 13 précitée. Cette loi contrarie, en effet, l'opinion des romanistes dont nous parlons, car, aux termes de la *L.* 14 § 1 *D. de pignor. et hyp.* 20. 1 « *ex quibus causis naturalis obligatio consistit, pignus perseverare constitit.* » d'où l'on est autorisé à conclure a contrario que si l'hypothèque ne survit pas au jugement d'absolution, c'est parce qu'il ne laisse pas subsister d'obligation naturelle.

Nous croyons qu'en règle générale, il ne survivait pas d'obligation naturelle au jugement d'absolution rendu en faveur d'un débiteur, par suite d'une erreur du juge. Admettre qu'il en survit une serait contraire aux motifs même sur lesquels repose le principe de l'autorité de la chose jugée ; ce serait nécessiter un nouvel examen de la cause, car il faudrait prouver l'erreur des juges ; le créancier repoussé une seconde fois pourrait soutenir à nouveau

(1) Savigny, Syst. pages 374 et suiv. — Fein, roman. cité par de Wangerow 1 § 173 — Machelard, oblig. nat. p. 425 et suiv.

qu'il y a eu une nouvelle erreur, et les procès auxquels l'autorité de la chose jugée a pour but de mettre un terme ne prendraient point de fin.

Cependant il semble résulter de la *L. 60 D. de condict. indeb.* 12.6 qu'une obligation naturelle survit au jugement d'absolution du défendeur : un débiteur réel (*verus debitor*) a payé après la *litis contestatio*, mais avant la sentence, *manente adhuc judicio*. Dans ces circonstances, le juris-consulte refuse la *condictio indebiti* par ce motif que la répétition ne serait pas fondée, quelle que fût l'issue de l'instance : qu'elle se dénouât par une absolution ou une condamnation.

En effet, dans l'hypothèse la plus favorable au défendeur celle d'une absolution, il y aura toujours une dette natu-relle : *licet enim absolutus sit, natura tamen debitor per-manet*. Telle est l'espèce que prévoit Julien dans la L. 60, et Paul rapporte sa solution, sans y ajouter un mot de commentaire.

Donneau et de Wangerow ont fourni de cette loi l'expli-cation suivante : le jurisconsulte suppose un paiement effectué avant le jugement d'absolution, et il refuse la *con-dictio indebiti;* rien de plus logique, car, au moment où le paiement a été effectué, il y avait une obligation natu-relle suffisante, quoi qu'il arrive ensuite, pour rendre ce paiement valable. Les mots : *licet enim,* etc. expriment seulement cette idée qu'un état de choses irrévocablement réglé en vertu d'un paiement ne peut être changé par une sentence d'absolution postérieure (1).

(1) Machelard. oblig. natur. p. 426.

Cette explication serait admissible, si le défendeur, reconnaissant le droit du demandeur, l'avait payé volontairement en renonçant à la chance d'une absolution postérieure ; mais le texte est général ; il ne prête pas telle ou telle intention au solvens. Ainsi, l'hypothèse où l'héritier du défendeur, ignorant que leur procès est engagé, paie le demandeur, et se trouve ensuite absous, rentre dans les termes de la L. 60, et cependant Julien refuse aussi la *condictio* à l'héritier, et nous dit, sans distinguer : *licet enim absolutus sit natura tamen debitor permanet.*

Aussi une autre interprétation a-t-elle été proposée : d'après elle, la L. 60 prévoit l'hypothèse où l'absolution du défendeur est fondée sur une de ces exceptions qui libèrent à la vérité le débiteur, en ce sens qu'elles l'affranchissent des poursuites personnelles, mais qui laissent subsister à sa charge une obligation naturelle. Telles sont les exceptions de procédure que nous avons citées plus haut ; telle est aussi l'exception du Sénat. Macédonien. Dans ces différentes hypothèses, le paiement effectué *manente judicio* est parfaitement valable, puisqu'avant comme après le jugement d'absolution fondé sur une exception de ce genre, i subsiste une obligation naturelle, et, bien qu'absous, le débiteur n'en reste pas moins *verus debitor,* comme dit le texte.

Nous nous rallions à cette interprétation de la L. 60 qui, dès lors, n'est plus en contradiction avec la *L. 13 D. quib. mod.*, dont elle tempère seulement la portée, et nous pouvons maintenir notre proposition, que le jugement qui déclare l'inexistence d'une dette, annihile absolument avec la dette, l'hypothèque qui la garantissait.

CHAPITRE VII

Quand le débiteur est libéré de l'action personnelle par le laps de temps, la garantie de l'hypothèque s'évanouit-elle ?

Cette question se présente, soit dans l'ancien droit romain, c'est-à-dire dans le droit antérieur à la constitution de Théodose-le-jeune, soit dans le dernier état de ce droit, postérieur à cette constitution. Examinons ces deux périodes.

Première période. — Les actions civiles sont perpétuelles ; ce principe comportait cependant quelques exceptions : ainsi la L. *Furia de sponsu* limitait à deux ans l'action contre les *sponsores* et les *fidepromissores* ; l'action de la loi *Julia repetundarum* n'était accordée contre les héritiers du magistrat concussionnaire que dans l'année qui suivait la mort du coupable. *Voy. Gaïus III* § 121 *et L. 2 D. de lege Jul. repet, 48. II.*

Quant aux actions prétoriennes, s'agissait-il d'une action pénale ? Elle ne durait qu'un an, sauf l'action *furti manifesti* qui était perpétuelle. S'agissait-il d'une action *rei persecutoria* ? Si elle avait été introduite pour étendre le droit civil, elle était perpétuelle, si elle l'avait été pour en contrarier les effets, elle était annale.

Supposons une action temporaire, et une hypothèque ajoutée comme sûreté à la créance garantie par cette action : nous nous demandons si la prescription de l'action personnelle éteindra l'action hypothécaire. Cette question dépend de celle-ci : l'extinction de l'action personnelle par le laps de temps laisse-t-elle ou non survivre une *naturalis obligatio ?*

C'est là un point vivement controversé : nous poserons en principe que l'expiration des actions annales prétoriennes efface, non-seulement l'obligation civile, mais encore toute obligation naturelle, et, qu'en conséquence, l'extinction de la dette par prescription entraîne l'extinction de l'hypothèque. En effet, dans le cas qui nous occupe, quand l'action s'éteint par prescription aucun des effets ordinaires de l'obligation naturelle ne se produit. Ainsi l'obligation prescrite n'est pas susceptible d'être cautionnée. *L.* 37 *D. de fidej.* 46. 1 — *L.* 38 § 4 *D. de Solut.* 46, 3 ; *la condictio indebiti* est ouverte à celui qui l'a acquittée : *L.* 25. § 1 *D. ratam rem hab.* 46. 8. Enfin elle ne peut faire l'objet d'un constitut : *L.* 18. 1 *D. de pecun. const.* 13. 5.

Prenons cette dernière espèce : un débiteur tenu d'une action temporaire s'oblige par constitut vis-à-vis de son créancier, avant l'accomplissement de la prescription ; la prescription s'accomplit ensuite. Le constitut sera-t-il maintenu ? Telle est la question que se pose Ulpien dans la *L.* 18 § 1, *D. de pec. const.* Il se prononce dans le sens de l'affirmative. En effet, dit-il, pour savoir si l'action *pecuniæ constitutæ* peut être donnée, il faut se placer, non au moment de l'exercice de cette action, mais au moment où s'est formé le constitut ; si le constitut a été valablement formé, l'action *pecuniæ constitutæ* sera possible ; or, dans l'espèce, le constitut a pu valablement intervenir, car, au moment de sa formation, l'obligation qui lui sert de base n'était pas encore éteinte par la prescription, bien qu'elle l'ait été plus tard.

Il résulte clairement de ce texte, que si le constitut avait été formé après la prescription accomplie, il aurait été frappé de nullité. Pourquoi cela ? Evidemment parce que l'expiration de l'action n'aurait pas laissé subsister une obligation naturelle. Une *naturalis obligatio*, en effet, survivant à la prescription aurait été une base suffisante pour soutenir un constitut postérieur.

Cette conclusion que l'expiration de l'action temporaire ne laisse pas subsister une obligation naturelle étant admise, nous pouvons maintenir le principe que nous avons posé, à savoir que l'extinction de la dette par la prescription a pour conséquence l'extinction de l'hypothèque.

Cependant, on a invoqué contre nous les *L.L. 50 D. de minor. 4.4. et 2 C. de luit pignor.* 8, 31, à l'effet de prouver que le *pignus* survivait à la prescription de l'action personnelle ; et afin de déduire de là que cette prescription laissait subsister une obligation naturelle.

La L. 50 de *minoribus* suppose qu'un mineur de 25 ans a nové, en se portant expromissor, la dette d'un tiers garantie par une action temporaire, 10 jours avant l'expiration du délai de prescription. Puis il se fait restituer *in integrum* contre son *expromissio*. Le jurisconsulte nous dit que le créancier recouvre son action contre le débiteur primitif pendant un temps égal à celui qui restait à courir lors de la novation c'est-à-dire pendant 10 jours, et il ajoute *ideoque pignus manet obligatum.* M. de Savigny a prétendu qu'il résultait de ces derniers mots que le *pignus* restait obligé *in perpetuum,* tandis que l'action personnelle ne durait plus que 10 jours à partir de la *restitutio in integrum.*

C'est là une interprétation tout-à-fait arbitraire, et qui ne peut servir d'argument contre nous. Le jurisconsulte, en effet, ne se préoccupe que d'une chose, rétablir le créancier dans l'intégrité de son droit primitif. Pour cela, il lui rend son action et l'hypothèque qui la garantissait. Mais l'hypothèque est-elle rétablie *in perpetuum* ou bien s'éteindra-t-elle au bout de 10 jours en même temps que l'action ? C'est là une question que le texte ne tranche pas et qu'on a tort de lui faire trancher.

Un rescrit de Gordien qui forme « *la L.* 2 *C.* de *luit pign.* 8. 31 porte : *intelligere debes vincula pignoris durare actione personali submotà* » l'hypothèque subsiste après l'extinction de l'obligation personnelle. Ce texte serait embarrassant s'il statuait sur l'hypothèse où l'action personnelle s'est éteinte par prescription ; mais qui le prouve ? Il ne désigne aucun mode particulier d'extinction ; nous pouvons très-bien supposer que l'action personnelle a été écartée par une exception de procédure, par l'exception « *litis dividuæ* » ou « *rei residuæ* » ; ou bien encore le défendeur a été absous en raison d'une « *plus petitio* » commise par

le demandeur ; dans ce cas nous savons qu'une obligation naturelle subsiste au profit de ce dernier, il n'y a donc
rien d'étonnant à ce que l'hypothèque survive.

Seconde période. Une constitution de Théodose-le-
jeune, rendue en 424 et qui forme la « *L. 3 C. de præscr.
XXX vel XL ann. 7. 39,* » décida que la durée de l'action personnelle n'excèderait jamais 30 ans, en ce sens
qu'au bout de ce temps elle pourrait être paralysée par la
« *præscriptio longi temporis.* Cette *præscriptio,* à la
différence de l'*exceptio annalis,* dont nous venons de
parler, respecte-t-elle l'obligation naturelle, et par suite,
l'hypothèque ?

La constitution de Théodose laissait l'action hypothécaire
perpétuelle et imprescriptible ; ce fut seulement en 525 que
cette action hypothécaire fut déclarée prescriptible, non pas
par 30 ans, comme l'action personnelle, mais par 40 ans.
« *Justin L. 7 C. 7. 39.* (Loi *quum notissimi.*). Faut-il
conclure de cette loi que la « *præscriptio longi temporis* »
opposée à l'action personnelle a laissé subsister une obligation naturelle servant de base à l'hypothèque ? Nous ne le
croyons pas, et, du reste, ce serait illogique. Si, en effet,
une « *naturalis obligatio* » survivait à l'extinction de la
dette par prescription, pourquoi cette « *naturalis obligatio* »
ne suffirait-elle pas à soutenir l'hypothèque pour toujours ?
Pourquoi ne la soutiendrait-elle que pendant 10 ans?

.La *L. quum notissimi* constitue une anomalie véritable
qu'il est difficile d'expliquer rationnellement. Nous savons
qu'il y a des cas où l'hypothèque survit à l'extinction de la

dette, ce sont ceux où la dette n'a été éteinte ni par un paiement, ni par un mode de satisfaction analogue ; on a voulu probablement faire entrer la *prœscriptio longi temporis* dans cette catégorie. Mais on ne peut admettre que la prescription ayant pour but de mettre fin à l'incertitude d'un droit, ce but ne soit pas atteint relativement à l'hypothèque. Si au bout de 30 ans, un droit devient trop douteux pour permettre au créancier une poursuite personnelle, on ne conçoit pas qu'il puisse intenter une poursuite hypothécaire.

Concluons que, dans le droit du Bas-Empire, comme à l'époque classique, la prescription de l'action personnelle effaçait l'obligation naturelle et, par suite, l'hypothèque, sauf l'anomalie législative établie par la constitution de Justin.

CHAPITRE VIII

Capitis deminutio.

Toute *capitis deminutio* éteignait la personnalité civile du *capite minutus*. Aussi tous ses droits et toutes ses obligations disparaissaient-ils parce que, d'après la théorie romaine, l'obligation étant un rapport de personne à personne ne pouvait subsister quand l'un des sujets de ce rapport avait disparu.

Cependant, en cas de *minima capitis deminutio*, il existait toujours à la charge du *capite minutus* une obligation naturelle suffisante pour le maintien du *pignus* et de l'action hypothécaire. *L. 2 § 2 D. de cap. min. 4. 5. Comb. L. 14 § 1 D. de pign. 20. I.* L'action primitive pouvait d'ailleurs être elle-même ressaisie ; grâce à la rescision de la *capitis deminutio* que pouvait concéder le préteur. *L. 2 § I D. de cap. min. 4. 5 — Gaïus III § 84 et IV § 38.*

DEUXIÈME PARTIE

EXTINCTION DE L'HYPOTHÈQUE INDÉPENDAMMENT DE L'EXTINCTION

DE LA DETTE.

Nous nous occuperons successivement :

1° De la perte matérielle de la chose hypothéquée.

2° De la résolution du droit de celui qui a constitué l'hypothèque.

3° De l'expiration du temps pour lequel l'hypothèque a été constituée.

4° De l'aliénation de la chose hypothéquée.

5° De la réunion sur la même tête des qualités de créancier hypothécaire et de propriétaire de la chose hypothéquée.

6° De l'abus de la chose hypothéquée commis par le créancier.

7° De la prescription de l'hypothèque.

8° De la renonciation à l'hypothèque, et, en particulier, de la renonciation de la femme aux sûretés qui garantissent sa dot.

CHAPITRE I

Perte matérielle de la chose hypothéquée.

Lorsque la chose hypothéquée est matériellement détruite, l'hypothèque s'éteint faute d'objet : *sicut re corporali extinctâ, ita ut...... pignus hypothecave perit L.* 8 *D. quib. mod.* 20 6. *L.* 13 § 1 *D. de pignor. et hyp.* 20 I. Il en serait de même si la chose était complétement transformée et devenait une *nova species. L.* 18 § 3 *D.* 20 I.

Mais il faut que l'extinction ou la transformation soit complète pour que l'hypothèque disparaisse. Ainsi l'hypothèque qui grève une maison grève aussi le sol sur lequel elle est bâtie ; que la maison soit incendiée, le sol continue cependant à être hypothéqué, et si une nouvelle construction s'élève sur lui, elle sera soumise à la même charge : *omne quod solo inædificatur solo cedit. Inst. L.* 2 T 1 *de div. rer* § 29.

Si l'hypothèque portait sur une *universitas* elle ne s'éteindrait qu'après la destruction totale de cette *universitas* ; par exemple, s'agit-il d'un troupeau ? Le renouvellement successif des têtes du troupeau laisserait subsister *l'universitas* et l'hypothèque qui la grève. *L. L.* 13 *et* 34 *D. de pign. hyp.* 20. 1 *L.* 26 § 2 *eod. titulo.*

—

CHAPITRE II

Résolution du droit de celui qui a constitué l'hypothèque.

Celui qui n'a sur une chose qu'un droit temporaire et révocable ne peut transférer sur cette chose plus de droit qu'il n'en a lui-même, et les hypothèques consenties par lui s'éteignent dès que son droit disparaît. Ainsi, l'extinction de l'usufruit, droit temporaire de sa nature, amène l'extinction de l'hypothèque constituée par l'usufruitier. Dans ce cas la fin du droit du constituant se confond, en tant que mode d'extinction, avec la perte de la chose. *L. 8 pr. D. quib modis* 20. 6.

Lorsque la chose hypothéquée est un *ager vectigalis* ou un droit d'emphytéose, si le preneur cesse de payer le *vectigal* ou le *canon*, la concession expire, et, avec elle, l'hypothèque constituée par le concessionnaire. *L.31 D.de pign. et hyp.* 20. I.

Enfin quand un créancier gagiste a donné en gage à son propre créancier la chose qui lui avait été engagée à lui-même, l'extinction du gage principal amène l'extinction du sous-gage.

Ces solutions ne présentent pas de difficulté ; mais il n'en est pas de même quand la propriété de celui qui a constitué l'hypothèque se trouve subordonnée à une condition résolutoire qui vient à s'accomplir, et les textes qui se réfèrent à la question de savoir quel est l'effet de cette condition résolutoire qui se réalise, sur l'hypothèque constituée *pendente conditione*, ont donné lieu à de graves difficultés d'interprétations.

La condition résolutoire peut affecter soit la *justa causa* en exécution de laquelle la propriété a été transférée, soit le mode employé pour la translation de propriété, *modus alienandi*.

Supposons d'abord que la condition résolutoire affecte la *justa causa* : le système généralement suivi par les jurisconsultes romains était que cette condition résolutoire, en s'accomplissant, n'anéantissait pas le droit de propriété conféré à l'acquéreur. Cette solution est indépendante du mode de translation employé : le motif en est que chez les Romains, la propriété ne pouvait être transférée *ad conditionem* : «le droit de propriété apparaissait aux jurisconsultes « romains comme un droit absolu, et, par suite, non sus« ceptible d'être limité dans sa durée ; pouvoir le transférer « *ad conditionem* aurait été le transférer avec une chance « d'extinction *tempore*, chose contraire à son essence. » (1)

Dans cette doctrine, la condition résolutoire en s'accomplissant faisait naître, à la charge de l'acquéreur, l'obligation de retransférer la propriété à l'aliénateur. Cette obligation était sanctionnée par une action purement personnelle :

(1) Voy. Bufnoir, théor. de la condition page 142.

l'action *prœscriptis verbis* suivant les Proculiens, la *con-dictio causa data causa non secuta* suivant les Sabiniens, ou l'action dénommée résultant du contrat même. Cette rétrocession, qui s'opérait par les modes ordinaires d'alié-ner, ne portait aucune atteinte aux hypothèques établies par l'acquéreur, car elle constituait l'aliénateur ayant-cause de l'acquéreur rétrocédant, et l'obligeait, à ce titre, de respecter toutes les charges consenties par ce dernier.

A côté de cette opinion qui était dominante, il y avait une autre théorie propagée par Ulpien et Marcellus, d'après laquelle la condition résolutoire accomplie avait pour effet d'anéantir la propriété de l'acquéreur, et de la faire revenir *ipso jure* sur la tête de l'aliénateur. D'où on tirait cette conséquence que l'hypothèque constituée par l'acquéreur, propriétaire sous condition résolutoire, était anéantie en même temps que la propriété même. *L. 41 D. de rei vind.* — *L. 4 § 3 D. de in diem addict.* — *L. 29 C. de mortis causa donat* (1).

Supposons maintenant que la condition résolutoire affecte le mode employé pour transférer la propriété.

D'abord, si ce mode est la *mancipatio* ou *l'injure cessio*, et qu'on y ait apposé une condition résolutoire, l'opération est nulle en vertu de la règle : *actus legitimi neque diem neque conditionem recipiunt.*

« *L. 77 D. de Reg. juris* 50. 17. » L'acquéreur n'est pas devenu propriétaire, par conséquent il n'a pu

(1) — Pellat, de *Rei vindicatione* — Vernet, textes choisis sur la théor. des Oblig. Bufnoir, Condition pages 143 et suiv.

conférer d'hypothèque : celles qu'il aurait essayé de constituer sont frappées d'une nullité d'origine ; c'est là une
question de nullité, non d'extinction.

En second lieu, le mode employé pouvait être un mode
non solennel, par exemple la tradition ou le legs « *per
vindicationem* ; » dans ce cas, l'opinion générale était que
la tradition ou le legs n'avait pas d'effet. Une constitution
de Dioclétien et Maximien qui forme le § 283 des fragments
du Vatican est ainsi conçue ; « *si stipendiariorum pro-
prietatem dono dedisti, ita ut post mortem ejus qui ac-
cepit, ad te rediret, donatio irrita est quum ad tempus pro-
prietas transferri nequiverit.* »

Il s'agit là d'une donation à cause de mort pure et simple,
mais résoluble sous la condition de la survie du donateur ;
cette donation a été exécutée par la tradition, car elle a pour
objet des fonds provinciaux ; les empereurs décident qu'elle
est nulle parce que la propriété ne peut être transférée à
temps ; il en eût été de même d'un legs : « *L. 26 C. de
legatis.* »

C'est là le véritable motif de la nullité, et cette règle
n'a rien de commun avec celle qui défend d'apposer un
terme ou une condition aux « *actus legitimi,* » puisque,
précisément, nous raisonnons dans le cas d'une donation ou
d'un legs.

Dans le droit de Justinien, c'est la doctrine d'Ulpien qui
prévaut ; elle est législativement consacrée. Nous en trouvons des applications dans le Digeste, en ce qui concerne
l'extinction des hypothèques consenties par celui qui

n'avait acquis la propriété d'une chose que sous condition résolutoire. Ainsi, une vente ayant été consentie avec « *addictio in diem,* » c'est-à-dire sous la condition qu'elle sera anéantie si le vendeur trouve un prix meilleur dans un certain délai, les hypothèques qu'aurait constituées l'acheteur, devenu propriétaire sous condition résolutoire, s'évanouissent dans le cas où le vendeur trouve effectivement de la chose un prix supérieur dans le délai fixé « *L.* 4 § 3. *D.* 18. 2. *L.* 8 *D. quib. mod.* 20. 6.

CHAPITRE III

Expiration du temps pour lequel l'hypothèque a été constituée.

Lorsque l'hypothèque a été constituée *ad tempus*, l'arrivée du terme fixé par la convention, entraîne l'extinction de l'hypothèque. La *L.* 6 *D. quib. mod.* 20. 6 exprime formellement cette idée.

Le texte assimile cette extinction à celle qui résulte de l'extinction de la dette par un paiement ou un mode de satisfaction analogue.

CHAPITRE IV

Aliénation de la chose hypothéquée

L'aliénation de la chose hypothéquée, peut avoir été faite : soit par un créancier hypothécaire, soit par le débiteur, soit par le fisc, soit par le juge de l'action *familiæ erciscundæ* ou *communi dividundo*. Voyons quelle est dans ces quatre cas l'influence de l'aliénation sur l'hypothèque.

1° Aliénation faite par le créancier hypothécaire.

L'aliénation faite par le créancier hypothécaire premier en rang purge toutes les hypothèques postérieures. *L. 6 et 7 C. de oblig. et act.* 4. 10 — *L. 6 C qui pot. in pign.* 8. 18. C'était là un avantage considérable accordé au *prior creditor*, car il est évident que l'acheteur n'aurait donné qu'un prix très-faible d'un bien qu'il aurait été exposé à se voir enlever par la suite, si les hypothèques ultérieures avaient continué de subsister. L'aliénation faite par tout autre créancier hypothécaire laisse subsister toutes les hypothèques tant postérieures qu'antérieures.

2° Aliénation faite par le débiteur.

En principe, l'aliénation de la chose hypothéquée faite par le débiteur, sans le consentement des créanciers hypothécaires, ne porte aucune atteinte aux droits de ces derniers : l'action quasi-servienne était, en effet, à Rome, comme chez nous, opposable à tout tiers détenteur du bien soumis au *pignus*. *L.* 18 § 2 *D. de pigner. act.* 13.7. *L.* 15 *C. de pignor* 8, 14 — *L.* 12. *C. de distr. pign.* 8. 28 — *L.* 4 *C. de evict.* 8. 45.

Il y avait cependant à ce principe plusieurs exceptions :

1° Quand l'hypothèque portait sur un fonds de commerce, les objets composant ce fonds étant destinés à être vendus, leur vente, par le débiteur, les soustrayait au *pignus*. *L.* 34 *pr. D. de pign. et hyp.* 20.1.

2° Quand l'hypothèque portait sur tous les biens présents et à venir du débiteur *quæ habet, quæcumque habiturus esset*, celui-ci pouvait valablement affranchir les esclaves compris parmi ces biens. Cette solution était fondée sur la faveur qu'obtinrent les affranchissements, mais elle ne s'appliquait pas dans le cas où l'hypothèque portait nominativement sur tels ou tels esclaves déterminés *L.* 3. *C. de servo pign. dato manum.* 7. 8. Elle ne s'appliquait pas non plus aux esclaves qu'un tuteur aurait achetés avec l'argent de son pupille ; on avait admis *favore pupillorum* qu'ils ne pourraient être affranchis à leur préjudice. *L.* 6 *C. eod. tit.*

3° Les biens du locataire d'une maison *invecta et illata* étaient, d'après le droit romain, grevés d'une hypothèque tacite au profit du bailleur. Si le locataire avait des esclaves à son service, habitant avec lui, ils étaient donc soumis à cette hypothèque ; cependant ils acquéraient irrévocablement la liberté, s'ils étaient affranchis avant que la saisie des effets apportés par le locataire ne fût opérée *antequam pensionis nomine percludatur L. L. 6 et 9 D. in quib. caus. 20. 2.*

4° D'après la fameuse loi Scimus, 22 *C de jure deliber. 6. 30,* l'héritier qui accepte la succession sous bénéfice d'inventaire, est obligé de payer avec les biens de la succession, et jusqu'à concurrence de leur valeur, les dettes et les legs dont elle est grevée ; il doit les acquitter à mesure que les créanciers et légataires se présentent.

Si les créanciers hypothécaires, après l'épuisement des biens] de [la succession, ne sont pas payés, ils pourront recourir *(jus suum persequi)* contre les créanciers hypothécaires postérieurs à eux ou contre des légataires, mais si l'héritier bénéficiaire avait vendu les biens héréditaires pour payer avec le prix les dettes et les legs de la succession, l'action hypothécaire ne pourrait plus être exercée contre l'acquéreur.

3° *Aliénation faite par le fisc.*

L'aliénation d'un bien hypothéqué faite par le fisc éteint l'action hypothécaire à l'encontre de l'acheteur ; le créancier a seulement pendant quatre ans une action contre le fisc, et perd, après ce délai, tous ses droits sur le prix de la chose vendue. *L. 2 C. de quadriennii præscr. 7. 37. Inst. II, 6 de usuc. § 14.* Cette disposition établie par Zénon, dans l'intérêt du fisc, afin que le prix des ventes qu'il provoquait fût plus élevé, fut étendue par Justinien aux ventes de biens appartenant au trésor particulier de l'empereur et de l'impératrice. L. 3 C. eod. tit.

4° De l'adjudication prononcée par le juge de l'action familiæ erciscundæ *ou* communi dividundo.

Une chose appartient par indivis à plusieurs personnes, à deux par exemple P et S. P hypothèque sa part indivise, puis le juge de l'action *familiæ erciscundæ* ou *communi dividundo,* procédant au partage, adjuge une portion déterminée à chacun des communistes. Quel va être le sort de cette hypothèque constituée par P pendant l'indivision, sur sa part indivise? Va-t-elle se concentrer exclusivement sur la portion à lui adjugée, ou bien continuera-t-elle à grever pour une moitié indivise la portion adjugée à S?

Les Romains ont toujours vu dans le partage une aliénation; le partage, chez eux, était translatif de propriété, c'est-à-dire que les co-partageants étaient considérés comme les ayant-cause les uns des autres, d'où : chacun d'eux devait respecter les droits réels consentis par les autres, pendant l'indivision, sur les objets mis dans son lot. Dans notre espèce, S étant considéré comme tenant de P la moitié de la fraction à lui adjugée, devait, pour cette moitié, subir l'hypothèque consentie pour P, et, en cas d'éviction, avait un recours contre lui.

Il y avait là un inconvénient considérable qui n'avait pas échappé aux jurisconsultes romains ; l'un d'eux, Trebatius, avait proposé d'abandonner le principe suivant lequel l'adjudication est translative, pour donner au partage un effet purement déclaratif. C'est ainsi que les choses se passent chez nous. *C. C. art.* 883.

D'après Trebatius, l'hypothèque constituée, pendant l'indivision, par un des co-partageants sur l'objet indivis, aurait porté tout entière sur la fraction déterminée que l'adjudication aurait mise dans le lot du constituant. Ce système fut trouvé trop hardi et fut repoussé par les autres jurisconsultes qui ne purent se résigner· à reconnaître au juge la faculté de changer le droit des parties. *L.*31 *D. de usu et usufr.* 33. 2 — *L.* 7 § 4 *D. quib mod.* 20. 6.

En revanche on imagina deux procédés afin d'éviter les inconvénients qui pouvaient résulter, pour un co-héritier, des poursuites exercées contre lui à raison d'hypothèques consenties par son co héritier, sur un bien compris dans son lot.

Le premier consistait à n'estimer que déduction faite du montant de la dette, l'objet mis au lot de celui qui n'avait pas constitué l'hypothèque, ce qui revenait à donner à ce co-partageant, outre un lot égal aux autres, le montant de l'obligation, d'où la conséquence qu'il ne pouvait avoir de ce chef, aucun recours à exercer.

Le second moyen était le suivant : le co-partageant qui avait constitué l'hypothèque, donnait à l'autre, pour le cas où celui-ci subirait une éviction, le droit de vendre la moitié du lot échu à lui, co-partageant débiteur. Ainsi le lot du co-partageant débiteur se trouvait affecté hypothécairement à deux créanciers : celui avec qui ce co-partageant avait traité pendant l'indivision, et l'autre co-partageant. Mais entre ces deux créanciers aucun conflit n'était possible,

car chacune de ces hypothèques avait une assiette différente : l'une portait sur la moitié indivise du lot, l'autre
sur la seconde moitié indivise. *L. 3 § 2 D. qui pot in
pign.*

Mais ces deux moyens étaient insuffisants, car tous deux
supposaient la bonne foi de celui qui avait constitué l'hypothèque ; tous deux supposaient que, lors du partage, le co-
partageant débiteur fera connaître à l'autre l'hypothèque
dont il a grevé l'objet commun. Il n'y avait, en effet, à Rome,
aucun autre moyen de connaître cette hypothèque, car le
système hypothécaire n'était pas fondé sur le principe de
la publicité.

En outre, si nous examinons chacun de ces deux procédés
en particulier, le premier pouvait ne pas être pratique-
ment possible, car la chose hypothéquée pouvait être la
seule indivise : comment, dans ce cas, la déduction de la
dette une fois faite, compléter le lot du co-partageant ? Quant
au second, loin d'éviter les recours, il avait pour but d'en
assurer l'efficacité.

Le seul remède était donc le système proposé par Trébatius,
c'est-à-dire l'effet déclaratif du partage ; cette idée hardie,
il était réservé à nos anciens jurisconsultes français de la
proclamer ; les rédacteurs du Code l'ont introduite dans
l'art. 883.

CHAPITRE V

**Réunion sur la même tête des qualités de créancier hypothécaire
et de propriétaire de la chose hypothéquée.**

Lorsque le créancier hypothécaire devient propriétaire
de la chose hypothéquée ; il se produit une confusion qui
paralyse l'exercice de l'action hypothécaire ; on ne conçoit
pas, en effet, que le créancier devenu propriétaire puisse
se poursuivre lui-même, et, d'un autre côté, nul ne peut
avoir une hypothèque sur sa propre chose : *neque potest
pignus perseverare domino constituto creditore, neque
pignus rei suæ consistere potest. L.* 30 *in fine D. de Except. rei jud.* 44. 2. *L.*45 *pr. D. de Reg. jus.* 50. 17. *L.*
29 *D. de pigner. act.* 13. 7.

Toutefois, il y a là une paralysie, bien plutôt qu'une
véritable extinction de l'hypothèque ; en fait, l'hypothèque
ne peut être exercée ; mais, en droit, elle persiste, d'où il
suit qu'elle recouvre son efficacité, toutes les fois que l'impossibilité de fait vient à cesser, ce qui arrive lorsque le
créancier a un intérêt quelconque à faire valoir l'hypothèque. Nous citerons les cas suivants :

1° Nous avons vu plus haut que lorsque un tiers achète

la chose hypothéquée, et qu'il a été convenu entre le vendeur et lui que le prix servirait à désintéresser les créanciers hypothécaires premiers en rang, il y a subrogation au
profit de l'acquéreur dans les droits du *prior creditor;*
voilà donc une personne à la fois créancière hypothécaire
et propriétaire de la chose hypothéquée, malgré cette confusion, l'acquéreur peut repousser par l'exception de priorité les poursuites des créanciers hypothécaires postérieurs;
il ne sera tenu de se dépouiller de la possession de la chose,
que si ces créanciers exerçant vis-à-vis de lui le *jus offe-
rendi,* lui remboursent ce qu'il a payé au *prior creditor.*
L. 3 C. de his qui 8. 19.

2° Si le créancier premier en rang a reçu en paiement
le bien hypothéqué, il conserve, malgré la confusion qui
résulte de cette *datio in solutum,* sa qualité de *prior creditor*
à l'encontre des créanciers hypothécaires postérieurs, qui ne
peuvent exercer l'action hypothécaire contre lui qu'après lui
avoir remboursé le montant de sa créance hypothécaire
première en date. *L* 1. *C. si antiq. creditor* 8. 20. *Voy.
aussi L.* 30 § 1 *D, de except. rei judic.* 44. 2. *L.* 5 *et* 6
D. qui pot. in pign. 20. 4.

3° Un créancier hypothécaire achète la chose hypothéquée
à condition que le prix servira à désintéresser un créancier
hypothécaire antérieur ; les deniers ont reçu, en effet,
cette destination. Si les créanciers hypothécaires postérieurs
exercent contre lui l'action quasi-servienne, malgré la confusion qui s'est produite, il pourra repousser l'action par l'exception *prioris constituti pignoris. L* 17 *D. qui pot. in
pign.* 20. 4.

CHAPITRE VI

Abus que fait le créancier de la chose hypothéquée.

La *L.* 24 § 3 *D. de pigner act.* 13. 7 indique une hypothèse dans laquelle l'abus, par le créancier, de la chose qui lui était hypothéquée, entraîne l'extinction de l'hypothèque : *quare si prostituit ancillam vel aliud improbatum facere coegit, pignus ancillæ solvitur.*

Cette solution est donnée comme l'application d'un principe général admis par le droit romain dans les cas où le créancier abusait de la chose affectée à sa sûreté.

CHAPITRE VII

Prescription de l'hypothèque.

Nous avons déjà parlé de la prescription de l'action hypothécaire, en recherchant si elle survit ou non à l'extinction de l'action personnelle, et en supposant que la chose hypothéquée était restée entre les mains du débiteur. Nous nous plaçons maintenant à un tout autre point de vue. Supposant que la chose hypothéquée est passée entre les mains d'un tiers détenteur, nous allons nous demander par quel délai se prescrira, contre ce tiers détenteur, l'action hypothécaire.

La législation romaine, sur ce point, a varié: à l'origine, lorsque un tiers usucapait une chose hypothéquée, cette chose restait entre ses mains grevée d'hypothèque, absolument comme entre les mains du débiteur hypothécaire. L'usucapion, en d'autres termes, ne faisait pas échec à l'hypothèque *pignoris causam non usucapione perimi placuit L.* 1 § 2 *D. de pignor. et hyp.*, **20.1.**

Cette solution s'explique aisément : celui qui acquiert *a domino* la propriété d'une chose hypothéquée, reste exposé à l'action hypothécaire; pourquoi celui qui l'a acquise *a non domino* aurait-il une situation meilleure ? Sans doute il est devenu propriétaire par *usucapion*, mais cette propriété n'a rien d'incompatible avec l'hypothèque *quoniam quæstio pignoris ab intentione dominii separatur* L. 1 § 2 *D.* 20. 1.

Les Romains comparaient l'usucapion à une aliénation indirecte *videtur alienare qui patitur usucapi:* accorder à cette aliénation indirecte plus d'effets qu'à l'aliénation directe eût été d'autant plus injuste que les délais de l'usucapion étaient fort courts.

L'acquisition des fruits par le possesseur de bonne foi avait sur l'hypothèque une influence que n'avait pas l'usucapion; tandis que celle ci ne soustrayait pas l'acheteur de bonne foi à l'exercice de l'action hypothécaire, les fruits, au contraire, échappaient absolument à cette action. Voici l'espèce prévue par Papinien dans un texte célèbre, la *L.* 1 *D. pignor. et hyp.* 20. 1 :

Un débiteur hypothèque son fonds et les fruits de ce fonds à son créancier; puis il vend le fonds à un acheteur de bonne foi qui usucape. L'acheteur sera-t-il obligé de livrer les fruits au créancier exerçant l'action hypothécaire ? *Eos comsumptos bonâ fide emptor restituere non cogetur* répond le jurisconsulte, et le motif qu'il en donne c'est qu'ils n'ont jamais appartenu au débiteur, qui, par conséquent n'a pu les hypothéquer: *nunquam debitoris fuerunt.*

Evidemment Papinien part de l'idée que le possesseur de bonne foi fait les fruits siens par la séparation et non pas seulement par la consommation, car si c'eût été par la consommation, ils auraient appartenu au débiteur pendant l'intervalle qui s'écoule entre la séparation et la consommation, et alors l'hypothèque aurait pu les atteindre. Le mot *consumptos* qui pourrait faire croire que le possesseur n'est devenu propriétaire des fruits que par la consommamation a été ajouté par les compilateurs du Digeste pour mettre ce texte en harmonie avec la doctrine nouvelle consacrée par la *L. 22 C. de rei vindic. 3. 32*, par laquelle Dioclétien et Maximien ne dispensent le possesseur de bonne foi que de la restitution des fruits consommés.

L'usucapion accomplie au profit d'un tiers détenteur n'effaçait donc pas l'hypothèque, ainsi que nous venons de le voir. Il y avait cependant un inconvénient très-grave à laisser perpétuellement ce tiers sous le coup de l'action hypothécaire. Aussi on finit par étendre au possesseur de bonne foi le bénéfice de l'institution prétorienne connue sous le nom de *præscriptio longi temporis* et imaginée pour permettre aux possesseurs de fonds provinciaux de repousser la revendication du propriétaire. Dès lors le tiers détenteur qui avait possédé pendant 10 ans ou pendant 20 ans, suivant que le créancier hypothécaire habitait ou non la même province que lui, put repousser l'action hypothécaire à l'aide de la *præscriptio longi temporis* pourvu qu'il fût de bonne foi, c'est à-dire qu'il eût ignoré l'existence de l'hypothèque. Il n'y avait pas, à cet égard, à distinguer entre les meubles et les immeubles. *L. 3 et 12 D. de div. temp. præscr. 44 3.* C'est ainsi que la *præscriptio* devint d'une très-grande utilité, au point de vue qui nous occupe, même pour ceux qui avaient usucapé et étaient devenus propriétaires.

Sous Justinien, il n'y eut [plus de différence entre les délais de la prescription par lesquels s'acquérait la propriété des immeubles, et ceux par lesquels le tiers détenteur affranchissait des hypothèques le fonds qu'il détenait. En effet, d'après une constitution de cet empereur qui forme la *L. un. C. de usucap. transform.* 7. 31, la propriété des immeubles s'acquiert non plus comme autrefois, par les deux ans de possession exigés pour leur usucapion, mais par une possession de dix ans entre présents et de vingt ans entre absents.

Cependant il pouvait arriver qu'une personne acquît la propriété d'un immeuble par prescription sans que cet immeuble fût affranchi des hypothèques qui le grevaient. Par exemple : le tiers détenteur et le propriétaire habitent la même province ; la propriété sera acquise au bout de dix ans ; le créancier hypothécaire habite une autre province, le fond détenu ne sera affranchi des hypothèques qu'au bout de vingt ans.

En second lieu, il est possible que des causes de suspension de prescription existent au profit du créancier hypothécaire, et qu'il n'en existe pas au profit du propriétaire : en pareil cas, la propriété de l'immeuble sera acquise avant qu'il soit affranchi des hypothèques qui le grèvent.

A l'inverse la prescription peut s'accomplir vis-à-vis du créancier hypothécaire avant d'être achevée vis-à-vis du propriétaire ; c'est ce qui arrive si des causes de suspension de prescription existent au profit du propriétaire ou s'il habite une autre province que le possesseur, tandis que le créancier hypothécaire n'a aucune cause de suspension de prescription, ou habite la même province que le possesseur.

Nous avons supposé jusqu'à présent que le tiers détenteur du bien hypothéqué était de bonne foi, et n'avait pas connu, lors de son acquisition, les hypothèques qui le grevaient. A l'origine, le détenteur de mauvaise foi, celui qui avait eu connaissance de ces hypothèques, restait soumis à l'action hypothécaire aussi longtemps que le débiteur lui-même, mais une constitution de Théodose-le-Jeune dont nous avons déjà parlé, *la L. 3 C de præsc. XXX vel XL annor. 7. 39*, décida que l'action hypcthécaire ne pourrait être exercée que pendant trente ans contre le détenteur du bien hypothéqué ; au bout de trente ans de possession, le détenteur pourra se défendre par la *præscriptio longi temporis*. Mais cette *præscriptio* ne faisait perdre au créancier que le droit de poursuivre le détenteur tant qu'il conservait la possession. Si le bien venait à passer entre les mains d'un tiers qui ne pouvait lui-même invoquer la prescription, le créancier recouvrait son action hypothécaire contre lui *L. 8 § 1 C. 7. 39*.

Lorsque la chose hypothéquée est restée entre les mains du débiteur, l'action hypothécaire dure quarante ans *ex quo competere cœpit*.

La *præscriptio longi temporis* de trente à quarante ans est-elle purement et simplement un moyen de défense ayant pour but exclusif de repousser l'action hypothécaire, ou bien le possesseur, s'il vient à perdre la possession, pourra-t-il agir?

L'obstacle à la prescription par dix à vingt ans peut provenir soit de l'absence de *justa causa*, soit de la mauvaise foi : dans le premier cas, la prescription de trente à quarante ans accomplie au profit du possesseur de bonne foi lui permet de poursuivre la chose contre le détenteur quel qu'il soit. Dans le second cas, il est complétement destitué d'action, d'où, si la chose est tombée entre les mains d'un tiers, le possesseur de mauvaise foi ne pourra la poursuivre ; le créancier hypothécaire seul pourra agir contre le nouveau détenteur, tant que celüi-ci ne pourra lui opposer la *præscriptio longi temporis*. Cette distinction n'est pas applicable au cas où le tiers détenteur a été dépossédé par violence ; il pourrait, dans cette hypothèse, poursuivre la chose contre le détenteur actuel, quel qu'il fût.

CHAPITRE VIII

Renonciation à l'hypothèque.

De même qu'un simple pacte suffit pour faire naître l'hypothèque, de même un simple pacte entre le créancier et le débiteur portant renonciation suffit pour l'éteindre (1) *L. 9 § 3 D. de pigner. act. — L. 8 § 1 quib. mod. D. 20. 6.*

La renonciation à l'hypothèque, de la part du créancier, peut être expresse ou tacite.

Renonciation expresse. — La renonciation expresse peut être totale ou partielle : ainsi elle peut porter sur tout le bien hypothéqué ou seulement sur une portion indivise de ce bien. *L. 8 § 3 D. quib. mod* 20. 6.

Pour renoncer valablement à une hypothèque, il faut être capable d'aliéner : ainsi le pupille ne peut renoncer à son hypothèque sans l'autorisation de son tuteur. Le fils de famille et l'esclave qui ont la *libera administratio* de leur pécule ne peuvent renoncer qu'à titre onéreux aux droits hypothécaires compris dans ce pécule. Cela tient à ce que la *libera administratio peculii* leur donnait le droit d'aliéner à titre onéreux, non à titre gratuit. *L. 8 § 5 D. 20. 6. L. 1 § 1 D. quæ res pign. 20. 3.*

(1) Machelard, textes expliqués. 1856, page 189.

La renonciation à l'hypothèque peut intervenir non–seulement entre le créancier et le débiteur, mais encore entre le créancier et le *procurator* du débiteur, ou entre le débiteur et le *procurator* du créancier.

La renonciation consentie par le créancier au *procurator* du débiteur, profitait à ce dernier qui s'en prévalait par l'exception *pacti conventi* si le *procurator* était son fils ou son esclave, car tout se passait alors comme si le débiteur avait figuré lui-même à la convention ; si la renonciation avait été consentie à tout autre *procurator*, le débiteur ne pouvait opposer que l'exception de dol. « *L. 7. § 2 D. 20. 6. LL, 10 § 2 et 17 in fine D. de pactis 2. 14.* »

Supposons maintenant que c'est le *procurator* du créancier qui a fait la remise de l'hypothèque au débiteur ; s'il s'agit d'un *procurator in rem suam* à qui la créance a été cédée, la remise est évidemment valable ; il en est de même si le créancier a donné un mandat spécial au *procurator. L. 8 § 2 D. 20. 6. L. 13 §. 1 D. 2. 14.* Mais si le *procurator* n'était investi que d'un mandat de libre administration, la renonciation sera valable si elle a eu lieu à titre onéreux, nulle dans le cas contraire. *L. 7 § 1 et 8. § 5 D. 20. 6.*

La renonciation à l'hypothèque consentie par le créancier à l'héritier du débiteur profite-t-elle au fidéicommissaire universel ?

Il faut distinguer : si la restitution de l'hérédité se fait suivant le Sénat. Trébellien, le fidéicommissaire repoussera

par l'exception *pacti conventi* le créancier hypothécaire qui voudrait le poursuivre *L.* 8 § 1 *D.* 20. 6. Mais
si la restitution de l'hérédité est régie par le Sénat. Pégasien, la question ne peut même pas se présenter, car le
créancier ne peut poursuivre que l'héritier qui lui opposera
incontestablement l'exception *pacti conventi.*

Le créancier peut renoncer à son hypothèque sous condition, par exemple, à la condition qu'on lui fournira un
fidéjusseur. En pareil cas, du moment où le fidéjusseur s'est
obligé, l'hypothèque s'éteint, il y a eu *satisfactio,* et si
le fidéjusseur devenait ensuite insolvable, le créancier sup-
porterait cette insolvabilité. L L. 5 § 2 *et* 14 *D.* 20. 6.

Renonciation tacite.

La renonciation à l'hypothèque peut s'induire de diverses circonstances, principalement du consentement donné
par le créancier à l'aliénation de la chose hypothéquée.

Nous avons vu que cette aliénation opérée sans le consentement du créancier ne nuit pas au droit de ce dernier,
qui pouvait, grâce au droit de suite, exercer l'action quasi
servienne contre le débiteur. Mais si le créancier consent
à l'aliénation sans réserver son hypothèque, on présume que
ce consentement, inutile pour la validité de l'aliénation,
n'a d'autre but que de dégrever de l'hypothèque la chose
aliénée: *creditor qui permittit rem venire pignus remit-
tit. L.* 158 *D. de Reg. juris* 50. 17. Peu importe, du
reste, que cette aliénation s'opère sous forme de vente,
d'échange, de constitution de dot, de donation ou de legs.

L. L. 4 § 1, 7 § 3, 8 § 6, 9 *pr. et* 1 § 11 *D.* 20. 6.
LL. 1, 2 *et* 4 *C de remiss. pign.* 8. 26.

Le consentement du créancier à l'aliénation pouvait être exprès ou tacite ; la question de savoir de quelles circonstances il fallait l'induire était laissée à l'appréciation du juge. Ainsi, le créancier a signé l'acte de vente ; ce fait pourra impliquer renonciation à l'hypothèque ; l'hypothèque, au contraire, sera maintenue, si le juge reconnaît que le créancier n'a signé que comme témoin. *L.* 8 § 15 *D.* 20. 6.

Toutefois, le défaut d'opposition à l'aliénation, de la part du créancier, n'entraînait pas, en principe, renonciation à l'hypothèque. L'inaction du créancier s'explique, en effet, naturellement, puisqu'il savait que l'aliénation ne portait aucune atteinte à son droit de suite.

Mais il y avait deux exceptions : 1° si un esclave hypothéqué était affranchi par le débiteur, au su du créancier, l'affranchissement était considéré comme valable, lorsqu'un certain temps s'était écoulé sans protestation. *L* 1 *C. de remiss. pignor.* 8. 26.

2° En cas de *distractio bonorum*, d'après une constitution de Dioclétien et Maximien, si les créanciers hypothécaires *programmate admoniti jus suum executi non sunt*, ils sont censés avoir renoncé à leurs droits. *L.* 6 *C. de remiss. pign.* 8.26.

Lorsque le créancier a consenti à l'aliénation en indiquant la *justa causa* en vertu de laquelle elle devait avoir lieu, et que le débiteur a consommé cette aliénation en vertu

d'une autre *justa causa*, y avait-il renonciation à l'hypothèque ? C'était une question plutôt de fait que de droit.
Ainsi le débiteur, autorisé à vendre, a donné ; il faut distinguer : si le créancier a subordonné son consentement à
la condition que le prix servirait à le désintéresser, l'hypothèque sera maintenue ; dans le cas contraire, la chose
passera au donataire franche et quitte de l'hypothèque.

Si, au lieu de vendre la chose, le débiteur en avait fait
une constitution de dot, l'hypothèque s'évanouirait à raison du caractère onéreux de l'opération. *L* 8. § 13 *D*. 20.6.

Réciproquement, le créancier a permis de donner, et le
débiteur a vendu : en règle générale, il y aura extinction
de l'hypothèque, car celui qui peut donner, peut, a *fortiori*, vendre. *L*. 163. *D. de Reg. jur*. 50.17. Toutefois l'hypothèque serait maintenue si le créancier avait désigné le
donataire, et que le débiteur eût vendu à une autre personne.

Enfin, si le débiteur ne s'est pas conformé, dans l'aliénation, à la volonté du créancier, l'hypothèque ne subit
pas d'atteinte : le créancier a permis de vendre 10 et le
débiteur a vendu 5 ; l'hypothèque est maintenue. *L* 8
§ 14. *D. quib. mod*. 20.6. Ajoutons que l'extinction de
l'hypothèque ne se produirait pas non plus, si l'aliénation
n'avait pas lieu dans le délai fixé par le créancier, et si elle
n'était pas consentie par le débiteur ou ses héritiers : *L*. 8,
§ 16,17,18. *D.quib. mod*. 20.6.

Du moment où la vente autorisée par le créancier avait
eu lieu, l'hypothèque s'éteignait, la chose vendue n'eût-elle

pas encore été livrée à l'acheteur. Mais, si la vente était annulée par la suite, l'hypothèque renaissait avec toute sa force : *si non venierit, non satis est ad repellendum creditorem quod debitor voluit venire. L. 8 § 12 et L. 4 § 2 D. quid. mod.* 20. 6.

Si le débiteur se retrouve, en vertu d'un titre nouveau, en possession de la chose aliénée jadis avec le consentement du créancier hypothécaire, l'hypothèque renaîtra-t-elle au profit de ce dernier ?

Assurément, elle ne revivra pas au préjudice des tiers ayant-cause de l'acheteur primitif ; mais, du moins, le créancier hypothécaire pourra-t-il intenter avec succès l'action hypothécaire contre le débiteur ou ses ayant-cause à titre universel ? Si le consentement du créancier à l'aliénation avait été provoqué par des manœuvres dolosives de la part du débiteur, il le pourrait, car, à l'exception *remissi pignoris* que lui opposerait celui-ci, il répondrait victorieusement par la *replicatio doli.* Mais supposons que tout s'est passé de bonne foi : il est juste de décider que l'acquisition nouvelle faite par le débiteur ne peut faire revivre une hypothèque éteinte, et nous croyons que telle était la solution du droit romain.

Cette solution paraît contredite par un texte de Marcien, la *L. 8. § 7. 8. 9. D. quid. mod.* 20. 6 — Ce texte, supposant qu'un débiteur, après avoir aliéné, du consentement du créancier, un bien grevé d'une hypothèque *spéciale*, en recouvre la possession semble dire d'une manière générale que l'hypothèque renaît alors. Mais il résulte des expressions dont se sert le jurisconsulte que le débiteur avait arraché par dol le consentement du créancier à l'aliéna- tion ; telle n'est point notre hypothèse, et il n'y a rien de surprenant à ce que, s'il y a eu dol du débiteur, le créan- cier puisse répondre à l'exception *remissi pignoris* par la *replicatio doli*. Dans tous les cas, si Marcien ne vise pas l'hy- pothèse de dol, et s'il se prononce en tout état de cause pour la renaissance de l'hypothèque, son opinion n'a certainement pas triomphé.

Nous n'invoquerons comme preuve que la décision prise par Justinien dans la *L. 11 C. de remiss. pign.* 8. 26.

Voici l'espèce : un débiteur a vendu un de ses biens sur lequel existait une hypothèque générale, avec l'autorisation du créancier ; cette autorisation a entraîné renonciation à l'hypothèque sur ce bien ; puis, par une acquisition nouvelle, le débiteur rentre en possession de ce bien. Sera-t-il soumis à l'hypothèque ?

Justinien nous dit que la question avait été controversée par les jurisconsultes ; les uns disaient : l'hypothèque doit grever le bien en qualité de bien futur, car il s'agit d'une hypothèque grevant tous les biens présents et futurs. Les autres disaient : l'aliénation ayant eu lieu du consentement du créancier, l'hypothèque est définitivement éteinte, donc si le créancier poursuit le débiteur, celui-ci opposera l'ex- ception *remissi pignoris*, et il faut d'autant moins donner la *replicatio doli* au créancier, que celui-ci n'a pas com- plétement épuisé ses ressources puisqu'il a une hypothèque sur les autres biens du débiteur. C'est en ce dernier sens que Justinien se prononce dans la loi précitée : *qui semel consensit alienationem hypothecæ, hoc modo jus suum respuit.*

Les motifs de cette solution s'appliquent aussi bien au cas, où la chose aliénée, puis recouvrée, par le débiteur, était grevée d'une hypothèque spéciale (cas prévu par le texte de Marcien) qu'à celui où il s'agit d'une hypothèque générale. Si la solution de Justinien était déjà soutenue avant lui en cas d'hypothèque générale, *a fortiori* devait-elle l'être en cas d'hypothèque spéciale, car on ne pouvait même plus alors invoquer l'argument que la chose recouvrée par le débiteur était une *futura res*, soumise, à ce titre, à l'hypothèque générale.

La renonciation à l'hypothèque pouvait aussi s'induire de la remise au débiteur du titre qui constatait la convention du *pignus.*

Nous avons déjà dit que la remise de la dette entraînait extinction de l'hypothèque. Cette proposition est évidente, quand la remise dont il s'agit est valable. Mais il peut se faire que la remise de la dette, nulle comme telle, soit valable comme mainlevée d'hypothèque.

La remise de la dette est une véritable donation enrichissant le donataire et appauvrissant le donateur; or les donations entre-vifs étaient, à Rome, soumises à certaines prohibitions ou restrictions :

1° Elles étaient interdites entre époux.

2° En vertu de la L. Cincia, elles ne pouvaient dépasser un certain taux.

3° Lorsqu'elles excédaient 200 solides, à l'origine, et 500 dans le dernier état du droit, elles étaient assujetties à la formalité de l'insinuation, faute de quoi, elles étaient nulles pour l'excédant.

La mainlevée de l'hypothèque, au contraire, n'était pas une donation proprement dite, car elle ne diminuait pas le patrimoine du créancier renonçant, et n'augmentait pas celui du débiteur. Elle pouvait donc avoir lieu entre époux, ne tombait pas sous le coup de la L. Cincia, et échappait à la formalité de l'insinuation; nous devons en conclure que toutes les fois que la remise d'une dette garantie par hypothèque était nulle, pour une des causes que nous avons énoncées, l'extinction de l'hypothèque n'en persistait pas moins. *L.* 1 § 1 *D. quib. mod.* 20. 6.

Un créancier peut consentir à ce que la chose sur laquelle il a hypothèque soit hypothéquée à un autre créancier ; il est clair que par cela même ce créancier renonce à son hypothèque. Quel sera l'effet de cette renonciation ?

Il y a deux créanciers hypothécaires, P et S. P consent à ce qu'une hypothèque sur la chose soit conférée à T, créancier chirographaire. T prendra t-il la place de P qui se trouvera relégué au rang de créancier chirographaire, la position de S ne changeant pas ? Ou bien l'hypothèque de P est-elle purement et simplement éteinte, S devenant ainsi premier en rang et T second ? C'est dans ce dernier sens que les jurisconsultes romains ont tranché la question : l'extinction de l'hypothèque du renonçant

profite à tous les créanciers intermédiaires entre le renonçant et le bénéficiaire de la renonciation.

La renonciation éteignait-elle l'hypothèque *ipso jure* ou
exceptionis ope ?

Certains interprètes ont prétendu qu'elle l'éteignait *ipso
jure* : il nous paraît difficile d'admettre cette solution en
présence de la *L.* 17, § 2 *D. de pactis* 2.14, où Paul nous
dit formellement que la renonciation opérait seulement *exceptionis ope* : *de pignore jure honorario, nascitur pacto
actio ; tollitur autem per exceptionem quoties paciscor
ne petam.* Et divers textes confirment cette solution, en
nous montrant que le débiteur, bénéficiaire d'une renonciation à l'hypothèque, oppose à l'action hypothécaire l'exception *remissi pignoris* ou *pacti conventi. L* 7, § 2 *D.* 20.
6. — *L.* 8, § 2 *D.* 2. 14. — *L.* 2 *C. de remiss, pign.* 8.
26. C'était, du reste, l'opinion de Cujas.

Il nous reste à parler de la renonciation de la femme aux
sûretés, et, en particulier, à l'hypothèque, qui lui étaient
accordées pour la restitution de sa dot.

A l'origine, la femme n'avait pour garantir la restitution
de sa dot, qui devenait la propriété du mari, qu'un
privilegium inter personales actiones, c'est-à-dire le droit
d'être préférée, sur tous les biens du mari, aux créanciers
simplement chirographaires. Les créanciers hypothécaires
passaient avant elle. Elle pouvait du reste, stipuler du mari
une hypothèque conventionnelle dont le rang était déterminé par la date de sa constitution.

En 529 Justinien donna à la femme une hypothèque

privilégiée sur les biens dotaux ; dès lors, la femme fut préférée sur ces biens, à tous les créanciers du mari, même aux créanciers hypothécaires antérieurs au mariage, et, sur les autres biens du mari, elle conserva son *privilegium inter personales actiones. L. 30 C. de jure dotium.*

En 530 ce *privilegium* fut transformé en hypothèque simple prenant rang à la date de la célébration du mariage.

Enfin en 531, par la fameuse Loi *Assiduis* (12 *C. qui pot. in pign.* 8. 18) la femme obtint pour la restitution de sa dot une hypothèque privilégiée sur tous les biens du mari ; elle prima donc tous les créanciers du mari, même les créanciers hypothécaires antérieurs au mariage.

Cela posé, la femme pourrait-elle renoncer aux sûretés que nous venons d'énumérer ?

Pour le *privilegium inter personales actiones* que lui accordait l'ancien droit, la femme ne pouvait pas y renoncer. En effet, il était fondé sur l'intérêt public : *Reipublicæ interest mulieres dotes salvas habere propter quas nubere possunt. L. 2 D de jure dotium* 23. 3, et on ne peut pas, par convention, déroger à une règle d'ordre public : *privata conventio juri publico nihil derogat. Paul, Sent. I t. 1 § 6.*

Quant à l'hypothèque que la femme stipulait quelquefois de son mari, il n'est pas douteux qu'elle pût y renoncer ; cette renonciation ne constituait ni une donation prohibée entre époux, ni une *intercessio* interdite par le Sénat. Velleïen, car, en renonçant, la femme ne contractait pas

d'obligation « *alienam obligationem in se non suscipiebat. L.
L. 2 et 8 pr. ad. Sénat. Vell. D. 16. 1,*

Mais elle n'aurait pu renoncer à cette hypothèque en faveur d'un tiers qui aurait traité avec son mari. « *L. 17.
D. 16. 1* »

Africain suppose, dans ce texte, que le mari, qui a hypothéqué sa chose à la femme, pour la restitution de sa dot,
lui emprunte ensuite de l'argent, et, pour la sûreté du prêt
lui donne une seconde hypothèque sur le même bien ; puis
il emprunte à un tiers qui exige à son tour une hypothèque,
toujours sur le même bien ; la femme intervient au contrat
et ne déclare que sa créance dotale, non sa créance à raison du prêt fait par elle à son mari. Le tiers fait employer
l'argent qu'il prête au mari au désintéressement de la
femme (ce qui suppose que le mariage est dissous par le
divorce, ou qu'il y a restitution de dot anticipée) et il est
mis en possession de la chose hypothéquée. La femme
exerce contre lui l'action *quasi Servienne* ; le tiers oppose l'exception « *remissi pignoris,* » en disant que, par
le consentement qu'elle a donné à la dernière constitution
d'hypothèque, la femme a renoncé à la sienne.

La femme pourra-t-elle paralyser cette exception par la
replicatio senatusconsulti Velleïani ? Oui, répond Africain,
si le créancier gagiste connaissait la créance, résultant,
pour la femme, de l'argent prêté, non, s'il ne la connaissait
pas, car alors sa bonne foi empêche l'application du
Velleïen. « *L. 12 D. ad Sénat. Vell. 16. 1. L. 2 C. eod.
tit. 4. 29.* »

Le jurisconsulte part donc de l'idée, qu'en renonçant à son hypothèque au profit d'un tiers, la femme a intercédé, et peut invoquer le Sénat, à moins que le défendeur ne soit de bonne foi.

D'où vient cette différence entre les deux cas ? Lorsque la femme renonce au profit de son mari, elle ne prend pas à sa charge l'obligation d'autrui ; elle ne fait qu'abdiquer un droit dont elle est investie. Lorsqu'elle renonce au profit d'un tiers, elle hypothèque son hypothèque à la sûreté d'une dette du mari ; cette hypothèque de l'hypothèque, le jurisconsulte l'interprète comme l'hypothèque d'une autre chose à la sûreté d'une dette du mari, ce qui est une forme spéciale *d'intercessio*.

On se rend aisément compte de cette décision, si l'on se rappelle que le Velleïen, partant de cette idée, que les actes par lesquels on se dépouille immédiatement de son droit sont moins dangereux que les obligations dont les effets ne sont pas immédiats, permettait à la femme les actes par lesquels elle faisait un sacrifice même considérable de ses droits, tandis qu'il prohibait tout engagement de sa part, fût-il des plus minimes. « Or, quand la femme renonce à son hypothèque purement et simplement, elle fait un sacrifice évident ; il est désormais certain que sa créance ne sera plus garantie par rien. Au contraire, quand elle renonce à sa priorité en faveur de tel ou tel créancier, elle peut se faire illusion et croire qu'elle n'éprouvera aucun préjudice ; son mari, en effet, peut acquérir de nouvelles ressources, désintéresser son créancier, et faire reprendre à sa femme le premier rang. » (Dubois, condition légale des femmes sous le Sénat. Velleïen, § 13, page 45.—Paris, 1860).

Une constitution d'Anastase (*L.* 21 *C. ad Senat. Vell.* 4. 29. (*Loi Jubemus*) a, sur ce point, abrogé le Sénat. Velleïen : à partir de cette constitution la femme peut renoncer, soit au profit de son mari, soit au profit d'un tiers, à l'hypothèque conventionnelle qui lui avait été donnée pour sûreté de sa dot.

A partir des constitutions de Justinien que nous avons mentionnées, la femme eut-elle le droit de renoncer aux hypothèques établies à son profit pour la restitution de sa dot ?

Pour répondre à cette question, il est nécessaire de distinguer : l'hypothèque simple ou privilégiée établie au profit de la femme, portait, soit sur les biens apportés en dot, soit sur les autres biens du mari. La femme conserva toujours le droit de renoncer à l'hypothèque en tant qu'elle portait sur les biens du mari, autres que ceux apportés par elle en dot.

Quant aux biens apportés en dot, la femme ne put renoncer a son hypothèque ; cette prohibition amena l'abrogation de la *Loi Julia* en tant qu'elle permettait au mari d'aliéner le fonds dotal avec le consentement de la femme ; il eût été contradictoire, en effet, que la femme pût consentir à l'aliénation du fonds dotal, et que, néanmoins, elle conservât son hypothèque privilégiée à l'égard du tiers acquéreur. Aussi, d'après la *L. un. C. de rei uxor.* 5. 13, le fonds dotal ne peut être ni hypothéqué, ni aliéné, même avec le consentement de la femme.

Mais fonds dotal signifie fonds constitué en dot sans estimation ; c'est alors seulement qu'il est inaliénable ; s'il a été estimé, estimation vaut vente. L. 5 *et* 6 *C. de jure dotium* 5. 13. L. 11 *D. de fundo dotali* 23. 5. et ce qui est véritablement apporté en dot, c'est l'estimation ou le prix de vente. Le fonds est alors aliénable comme la propriété du mari seul ; aussi la femme peut-elle, aux termes de la constitution d'Anastase, renoncer à son hypothèque sur le *fundus œstimatus.* L. *un. C.* § 15 *in fine* 5. 13.

Il devait en être ainsi de l'hypothèque qui grevait les meubles dotaux de la femme ; ils étaient, en effet, aliénables, comme le *fundus œstimatus,* et la L. *un. C.* 5, 13, semble rattacher à l'inaliénabilité la prohibition de renoncer à l'hypothèque.

(*Demangeat, Condition du fonds dotal. p.* 38).

TABLE DES MATIÈRES

PREMIÈRE PARTIE

DEUXIÈME PARTIE

DROIT FRANÇAIS

Parmi les différents partis que peut prendre le tiers
détenteur d'un immeuble affecté hypothécairement, il en
est un qui lui procure le moyen d'éviter soit le délaissement, soit l'expropriation, et de conserver l'immeuble libre
et affranchi, sans acquitter les créances garanties hypothécairement par cet immeuble : ce moyen, c'est la purge.

La purge est d'origine française. Le droit romain n'of-
frait au tiers détenteur *par suite d'aliénation volontaire*,
aucun procédé qui lui permît de payer sûrement son prix,
et de soustraire les biens par lui acquis à l'action hypothécaire des créanciers de son vendeur.

Nous voyons, il est vrai, dans les ventes publiques pour-
suivies d'autorité du magistrat, (*subhastationes*) quelque
chose qui ressemble beaucoup à notre purge : les créanciers sont avertis par des signes publics *programmate publico :* si, étant présents et ainsi avertis, ils n'exercent pas
leur droit hypothécaire, ils sont considérés comme l'ayant
perdu : *possunt videri obligationem pignoris amisisse* (1).

(1) L. 6. Code, *de remissione pignoris*.

Mais rien de semblable n'avait lieu dans les aliénations volontaires : le tiers détenteur n'avait aucun moyen de forcer les créanciers à se produire dans un délai déterminé, sous peine de déchéance de leur action hypothécaire.

Dans un cas, seulement, il y avait purge, et l'acquéreur était à l'abri de l'action hypothécaire ; c'était lorsque le créancier hypothécaire premier en rang, le *prior creditor*, vendait la chose hypothéquée ; cette vente éteignait toutes les autres hypothèques à l'égard de l'acquéreur ; dans ce cas, la chose était purgée.

Ajoutez à ce cas celui prévu par une constitution de Zénon (22 *C. de quadr. præsc.* 7. 27).

Notre ancien droit comprit que le crédit public était intéressé à ce que la propriété ne restât pas incertaine et précaire. Il chercha donc, pour l'acquéreur, le moyen de mettre, en toute hypothèse, et même dans le cas d'aliénation volontaire, l'immeuble par lui acquis, à l'abri de l'action hypothécaire.

A l'imitation de la procédure DES DÉCRETS FORCÉS qui purgeait les hypothèques, et qu'avait organisée un édit de Henri II sur les criées, en 1551, fut introduite la procédure des DÉCRETS VOLONTAIRES.

Voici, d'après Ferrière, comment les choses se passaient : « L'acquéreur créait au profit d'un ami une dette imaginaire ; en conséquence de cette obligation simulée, il se faisait faire par son ami un commandement de payer, et sur le refus, cet ami saisissait réellement l'immeuble sur l'acquéreur ; puis on faisait les criées et le reste de la

procédure jusqu'à l'adjudication. » Cette adjudication, SUR
DÉCRET VOLONTAIRE, purgeait les hypothèques. (1)

Cette procédure était longue et dispendieuse ; les frais
absorbaient une partie notable du gage, et l'acquéreur, ne
pouvant de longtemps se libérer de son prix, devait payer
des intérêts que ne compensaient pas toujours les fruits
produits par l'immeuble.

Aussi l'usage en fut-il abrogé, et l'édit de 1771, voulant, suivant l'expression de son préambule « ouvrir aux
acquéreurs une voie facile de rendre stable leur propriété,
et de pouvoir se libérer du prix de leur acquisition, sans
être obligés de garder longtemps des deniers oisifs » subs-
titua-t-il *aux décrets volontaires* les lettres de RATIFICATION.

D'après les principales dispositions de cet édit, l'acquéreur devait simplement déposer au greffe du bailliage ou
sénéchaussée dans le ressort duquel étaient situés les héri-
tages aliénés, le contrat de vente d'iceux, et le greffier était
tenu, dans les trois jours du dépôt d'inscrire sur un tableau,
placé à cet effet dans l'auditoire, l'extrait de contrat d'aliénation qui restait exposé pendant deux mois.

Pendant ce délai, tous créanciers, non-seulement privilégiés ou hypothécaires, mais chirographaires, des précédents propriétaires, étaient reçus à former opposition, entre
les mains d'un conservateur *ad hoc*, et faute, par les créanciers privilégiés ou hypothécaires, de former cette opposition,

____

(1) « Le décret volontaire, dit Loyseau, sert d'un très-utile expédient
pour purger les hypothèques. »

l'immeuble demeurait irrévocablement purgé de leurs priviléges et hypothèques (Art. 7 de l'édit).

Tout créancier légitime d'un précédent propriétaire pouvait aussi, dans les deux mois d'exposition, en fournissant caution suffisante, surenchérir du dixième le prix porté au contrat d'acquisition, ou du vingtième, en cas de surenchère déjà formée par un autre créancier.

Si, dans le cours des deux mois, des oppositions surgissaient, les LETTRES DE RATIFICATION étaient expédiées au tiers détenteur, à la charge de ces oppositions, et sous la responsabilité du conservateur, en cas qu'il eût omis les oppositions de quelques créanciers qui seraient venus en ordre utile, sur le prix (art. 27). Ce prix était ensuite distribué d'abord aux créanciers privilégiés, ensuite aux créanciers hypothécaires, suivant l'ordre et le rang de leurs hypothèques, et, par contribution, entre les créanciers chirographaires opposants, par préférence aux créanciers privilégiés ou hypothécaires qui avaient négligé de former opposition.

Si, au contraire, aucune opposition n'était formée dans les deux mois de l'exposition du contrat, l'acquéreur obtenait les *lettres de ratification*, et ces lettres purgeaient les priviléges et hypothèques, tant à l'égard de l'acquéreur que des créanciers entre eux. (Art. 7 de l'Édit).

Cette publicité résultant de l'exposition du contrat, mettait les créanciers en demeure : elle faisait présumer qu'ils avaient eu connaissance de la vente, et, quand ils négligeaient de former opposition, ils étaient censés avoir renoncé à leurs droits. C'est exactement la solution que donnait la

L. 5 *au Code de remissione pignoris*, dont nous avons parlé plus haut.

L'édit de 1771 ne s'appliquait pas aux hypothèques des femmes sur les biens de leurs maris, pendant la vie des dits maris ; à l'égard de ces hypothèques il n'était point nécessaire de former opposition. (Voyez l'art. 32 de l'Édit).

Tel a été le dernier état de notre ancien droit sur la purge. La loi moderne s'en est inspirée, mais elle a mis le système en rapport avec les principes fondamentaux du nouveau régime hypothécaire : nous n'entrerons dans aucun détail sur la loi du 9 messidor an III, qui est pleine de dispositions fiscales donnant lieu aux plus graves inconvénients.

Le droit moderne commence véritablement à la loi du 11 brumaire an VII. Le principe absolu de publicité, en matière d'hypothèques, étant la base même de cette loi, il ne pouvait plus être question de ces oppositions, au moyen desquelles, sous l'Édit de 1771 les créanciers étaient tenus de se faire connaître ; ils étaient connus d'avance par l'inscription qu'ils avaient dû prendre sur les registres du conservateur. Partant de là, la loi de brumaire exige de l'acquéreur qu'il notifie son contrat aux créanciers connus, c'est-à-dire inscrits, en leur déclarant qu'il acquittera toutes les charges grevant l'immeuble, jusqu'à concurrence du prix stipulé dans son acte.

Cette notification faite, tout créancier peut requérir la mise aux enchères et adjudication publique de l'immeuble, en se soumettant à faire porter le prix au moins à un vingtième en sus de celui stipulé dans le contrat, et, faute par les créanciers de faire cette réquisition, la valeur de l'immeuble demeure définitivement fixée au prix stipulé par le contrat d'acquisition, et l'acquéreur est, en conséquence, libéré de toutes charges et hypothèques en payant ledit prix aux créanciers en ordre de le recevoir (art. 30, 31, 32). Tel est, quant aux dispositions générales, du moins, le système de la loi de brumaire.

Ce système a passé dans le Code. Seulement le Code restreignant le principe de publicité, qui était la règle absolue sous la loi de brumaire, admit l'existence de certaines hypothèques (celles des femmes mariées, des mineurs et des interdits) indépendamment de toute inscription (art. 2135). Dès lors il fallut combiner le système de la purge avec cette exception. Aussi tandis que la loi de brumaire établissait une seule espèce de purge pour toutes les hypothèques indistinctement, le Code civil en a établi deux : la purge de toutes les hypothèques inscrites, et la purge des hypothèques légales que la loi dispense d'inscription. Cette dernière purge doit seule faire l'objet de cette étude.

Nous diviserons la matière en trois parties ; dans une première partie nous étudierons les formalités à accomplir par le tiers-détenteur ; dans une seconde, les effets attachés à ces formalités, et dans une troisième, en traitant la question de savoir en faveur de quelles personnes cette purge a été organisée, nous parlerons de la faculté accordée aux sociétés de CRÉDIT FONCIER, de faire apparaître les hypothèques grevant l'immeuble de celui à qui elles prêtent. (*Décret du* 28 *février* 1852 et *la loi du* 10 *juin* 1853).

CHAPITRE I

Des formalités à accomplir par le tiers-détenteur.

Le chapitre ix du titre des Priviléges et hypothèques, au Code civil, est intitulé : « *du mode de purger les hypothèques, quand il n'existe pas d'inscription sur les biens des maris et des tuteurs.* »

Il résulte de cet intitulé, et aussi de l'art. 2193 où les mêmes expressions se trouvent reproduites, que la purge dont il s'agit, n'a d'application que dans le cas où ces hypothèques n'ont pas été inscrites. Si donc, nonobstant la dispense d'inscription dont jouissent les hypothèques légales des femmes mariées, des mineurs et des interdits, ces hypothèques ne sont pas restées occultes, ce n'est pas le cas de recourir à la procédure exceptionnelle qu'organisent nos articles ; l'inscription qui les a rendues publiques a placé ces hypothèques dans les conditions du droit commun ; l'acquéreur ne peut les purger qu'en observant les formalités de la purge ordinaire décrites dans les art. 2181 et suivants.

Par contre, si ces hypothèques n'ont pas été inscrites, vainement l'acquéreur remplirait-il toutes les formalités des art. 2181 et suivants : il purgera bien les hypothèques conventionnelles, judiciaires ou légales qu'une inscription aura rendues publiques, mais les hypothèques dispensées d'inscription et non inscrites conserveront toute leur efficacité : par cela seul qu'elles sont occultes, elles ne peuvent être atteintes et purgées que d'après le mode établi par le chapitre ix.

Concluons que lorsque l'acquéreur d'un immeuble se trouve en présence de créanciers inscrits et d'une femme mariée, d'un mineur ou d'un interdit, il doit, pour s'assurer une propriété libre et affranchie de toutes les hypothèques, procéder à la purge ordinaire et à la purge légale ; à la purge ordinaire vis-à-vis des créanciers inscrits, à la purge légale vis-à-vis de ceux dont les droits peuvent exister clandestinement et ne sont pas révélés par l'inscription.

La purge spéciale que nous allons étudier est donc sans objet quand les hypothèques dispensées d'inscription se trouvent inscrites. Elle ne peut également s'appliquer dans l'hypothèse où par suite de l'expiration de l'année à partir de la dissolution du mariage ou de la cessation de la tutelle, de pareilles hypothèques se sont trouvées soumises à la nécessité de l'inscription. *L. 23 mars 1855 art. 8.* En effet les hypothèques légales non inscrites avant la transcription de l'acte d'aliénation sont, par cela même, destituées de toute efficacité à l'égard de l'acquéreur qui n'a par conséquent plus à les purger. Que si, au contraire, ces hypothèques ont été inscrites avant la transcription, elles seront purgées d'après le mode général et ordinaire indiqué aux art. 2181 et suivants (1).

Notre purge n'a aussi aucune application aux priviléges qui, dispensés d'inscription tant que les immeubles grevés restent dans la main du débiteur, doivent, pour demeurer efficaces à l'égard des tiers acquéreurs, être inscrits avant la transcription des actes d'aliénation, par exemple, aux priviléges énoncés en l'art. 2101 : Ces priviléges, en effet, ne sont-ils pas inscrits avant la transcription ? Ils sont inefficaces à l'égard de l'acquéreur ; sont-ils inscrits? Ils seront purgés suivant le mode ordinaire.

Avant d'aborder l'étude de nos articles, et d'analyser les formalités que doit accomplir le tiers-détenteur, nous pourrions nous demander s'il y a pour la purge légale, des cas dans lesquels le titre d'acquisition opère la purge par lui-même.

Il suffit de lire attentivement les art. 2193-2195 pour se convaincre qu'ils n'ont prévu que le cas d'une vente volontaire : ils ne parlent que de *l'acquéreur* et du contrat *de vente*, jamais de *l'adjudicataire* et du jugement *d'adjudication*. Est-ce par oubli qu'ils n'ont pas parlé de l'adjudication sur expropriation ? Non, assurément ; c'est parce qu'à l'époque où a été rédigé le Code civil, c'était un principe incontesté et consacré par l'ancienne jurisprudence, que « *le décret forcé nettoie toutes les hypothèques.* » (2)

____

(1) Voy. Aubry. et Rau. t. 3, § 293 bis, note 39.

(2) Loysel, Inst. coutum. liv. VI, titre V, reg. 15, S. Houyvet, Traité de l'Ordre, page 57.

S'inspirant de ce principe, la Cour de Cassation avait jugé jusqu'en 1833, qu'il en était, à l'égard de la purge, des hypothèques légales dispensées d'inscription, et non inscrites, comme des hypothèques soumises à l'inscription, et que l'expropriation forcée, ayant pour effet de purger par elle-même ces dernières hypothèques, doit avoir également pour effet de purger les premières. Mais, par un revirement inattendu dans sa jurisprudence, la Cour suprême, par *un arrêt du 22 Juin 1833*, se prononça en sens contraire, et obligea l'adjudicataire, comme l'acquéreur, à purger les hypothèques légales dans la forme prescrite par le chap. IX. du C. C.

La loi du 21 mai 1858 sur les Ordres a consacré de nouveau les principes un instant méconnus de notre ancien droit et du Code civil, par une nouvelle rédaction des art. 692, 696 et 717 du code de procédure : ce dernier texte décide législativement que : « le jugement d'adjudication dûment transcrit PURGE TOUTES LES HYPOTHÈQUES et les créanciers n'ont plus d'action que sur le prix. » Nous verrons par la suite les mesures de protection que la loi a prises en faveur des incapables dans les art. 692 et 696 (1).

En fixant ainsi la doctrine, le législateur de 1858 a fait œuvre de bon sens : après l'accomplissement des formalités solennelles dont les expropriations sont entourées, et qui toutes ont pour objet de faire monter l'adjudication au plus

(1) Elles consistent en une sommation que doit faire le poursuivant à la femme et au mineur, sommation qui les met en demeure d'inscrire leur hypoth. avant la transcription du jugement d'adjudication.

haut prix possible, il y a lieu de croire que le prix obtenu est la représentation exacte de la valeur réelle de l'immeuble et que la purge, en conséquence, ne ferait qu'ajouter aux frais. Toutefois des créanciers qui ne seraient pas inscrits au moment de l'expropriation, pourraient s'inscrire utilement jusqu'à la transcription du jugement d'adjudication, celle-ci arrêtant seule le cours des inscriptions. (*L. 23 mars 1855. art. 3*).

Nous appliquerons, à l'égard de la purge, la même solution aux adjudications sur délaissement ; la vente de l'immeuble délaissé est, aux termes de l'art. 2174, poursuivie dans les formes prescrites pour les expropriations ; seulement la poursuite est dirigée contre le curateur que le tribunal nomme à l'immeuble délaissé et non contre le tiers-détenteur. Nous déciderons donc que les art. 692 et 696 doivent s'appliquer à l'égard des créanciers à hypothèques légales non inscrites, et que l'adjudication sur délaissement, comme celle sur expropriation, opère la purge des hypothèques légales non inscrites avant la transcription du jugement d'adjudication.

La règle n'est pas la même, et nos hypothèques ne sont point purgées, quand, en dehors du cas de saisie immobilière, il y a vente judiciaire, par exemple, quand il y a vente de biens de mineurs, ou licitation, ou vente d'immeubles dépendant d'une succession bénéficiaire ou vacante, etc.

Toutes ces ventes, bien que se passant en justice, restent toujours des aliénations volontaires ; aussi n'entraînent-elles pas la purge des hypothèques légales non inscrites avant la transcription du jugement d'adjudication ; ce jugement ne dispense pas l'adjudicataire de purger ces hypothèques et cela est vrai qu'il y ait eu une surenchère du sixième ou du dixième, tandis qu'au contraire une pareille surenchère opère la purge des hypothèques inscrites (*Proc. art.* 838).

Arrivons maintenant aux formalités prescrites par la loi. Elles sont toutes combinées de manière à donner la plus grande publicité au titre d'acquisition, et à mettre en demeure, par la publication même, le mineur, l'interdit et la femme mariée ou leurs représentants de révéler leurs droits par une inscription prise dans un délai déterminé.

Aux termes de l'art. 2194, les acquéreurs d'immeubles appartenant à des maris ou à des tuteurs doivent : 1° déposer copie dûment collationnée du contrat translatif de propriété au greffe du tribunal civil du lieu de la situation des biens.

2° Certifier, par acte signifié, tant à la femme et au subrogé-tuteur qu'au procureur de la République près le tribunal, le dépôt qu'ils auront fait.

3° Faire un extrait de ce contrat contenant sa date, les noms, prénoms, professions et domiciles des contractants, la désignation de la nature et de la situation des biens, le prix et les autres charges de la vente, lequel extrait est et reste affiché pendant deux mois dans l'auditoire du tribunal.

Il pouvait se faire que soit la femme ou ceux qui la représentent, soit le subrogé tuteur ne fussent pas connus de l'acquéreur ; un avis du Conseil d'Etat en date du 1er juin 1807 statuant sur ce cas particulier, dispose : « qu'il sera nécessaire et qu'il suffira, pour remplacer la signification qui doit leur être faite, aux termes de l'art. 2194, en premier lieu, que dans la signification à faire au procureur impérial, l'acquéreur déclare que ceux du chef desquels il pouvait être pris des inscriptions, pour raison d'hypothèques légales existantes indépendamment de l'inscription, n'étant pas connus, il fera publier la susdite signification dans les formes prescrites par l'art. 683 du Code de procéd. (modifié par la loi du 21 mai 1858 et transformé en nouvel art. 696), en second lieu, que l'acquéreur fasse cette publication dans ladite forme de l'art. 683 C. proc. ou que, s'il n'y avait pas de journal dans le département, il se fasse délivrer par le procureur impérial un certificat portant qu'il n'en existe pas. »

Tel est l'énoncé des formalités qu'a à remplir le tiers-détenteur : on leur reproche de ne pas remplir le but de la loi. Il faut bien reconnaître, en effet, que le dépôt au greffe, l'affiche et l'exposition du contrat ne portent presque jamais à la connaissance des parties intéressées l'aliénation de leur gage hypothécaire, et que la signification qui suppléerait à cela y est impuissante, la copie parvenant habituellement aux maris et aux tuteurs, c'est-à-dire à ceux qui ont intérêt à ce que aucune inscription ne soit prise. En outre, cette procédure entraîne des lenteurs et une dépense considérables.

Aussi avait-elle été modifiée dans les projets de réforme

dont le régime hypothécaire a été l'objet, et particulière-ment dans le projet présenté en 1851 à l'Assemblée législative.

Dans ce projet, le dépôt au greffe de la copie collationnée du titre de l'acquéreur, et l'exposition d'un extrait du contrat dans l'auditoire du tribunal étaient supprimés; le nouveau propriétaire, après avoir transcrit son titre devait faire à la femme ou au subrogé-tuteur une signification contenant les noms, prénoms, domiciles et qualités des parties, la désignation de l'immeuble, la date et la nature du titre, la date de la transcription et l'énonciation du prix et des charges; il aurait fait insérer dans un des journaux du département, l'extrait de cette signification contenant les mêmes mentions, en ajoutant, dans le cas où il n'avait pas connu ceux du chef desquels l'inscription pouvait être prise, la déclaration de cette circonstance dans l'insertion; il aurait justifié ensuite de l'insertion dans les formes prescrites par l'art. 698 C. proc. (1) et remis un exemplaire du journal au procureur de la république qui en aurait donné récépissé, le tout sans frais (2).

Ce projet n'ayant pas abouti, nous restons en présence de la procédure organisée par notre art. 2194; nous allons à présent l'étudier en détail. L'art. 2194 prévoit le cas d'une vente volontaire; pour le cas d'expropriation forcée,

(1) C'est-à-dire par un exemplaire de la feuille portant la signature de l'imprimeur légalisée par le maire.

(2) Voy. l'art. 2174 du projet préparé pour le seconde délibération à l'Assemblée législative.

c'est la L. du 21 mai 1858 sur les ordres, qui nous indique la marche à suivre.

Section I

Purge après aliénation volontaire.

L'art. 2194, nous venons de le voir, indique trois formalités nécessaires et suffisantes pour opérer la purge, et ne parle pas de la transcription: l'art. 2181, au contraire, place en tête des formalités de la purge ordinaire, la transcription : est-ce à dire que l'acquéreur d'un immeuble appartenant à un mari ou à un tuteur, qui veut purger, n'aura pas à transcrire son titre?

Sous l'empire du code civil, on discutait la question de savoir si le rédacteur de l'art 2181 avait entendu confirmer le principe de la loi de brumaire d'après lequel la transcription était une condition nécessaire de la transmission de la propriété à l'égard des tiers, ou s'il avait voulu abandonner ce principe, et si, tout en parlant de la transcription, il maintenait intact l'art. 1583 qui déclare la vente parfaite et la propriété transmise à l'acquéreur par le seul consentement des parties.

La doctrine et la jurisprudence avaient adopté cette dernière opinion, et on en concluait que, tout à-fait étrangère à la question de propriété, la transcription était simplement un préliminaire obligé de la purge ordinaire, et que ce préliminaire était remplacé, dans la purge légale, par le dépôt au greffe du contrat translatif de propriété.

Sous les art. 834 et 835 du code de procédure, la transcription a un objet moins secondaire et mieux dessiné: elle devient une sorte de mise en demeure, un avertissement donné aux créanciers non inscrits, et, comme on l'a dit, un appel aux inscriptions : les créanciers ont, pour s'inscrire, un délai de quinzaine à partir de la transcription.

Enfin la loi du 23 mars 1855, abrogeant les art. 834 et 835 précités, et rétablissant la transcription comme moyen de consolider la propriété au regard des tiers, est revenue au principe de la loi de Brumaire. Mais ce qui n'avait pas de signification précise sous le Code, a aujourd'hui un sens très-net et très-arrêté : la transcription, qui seule peut opérer le transport de propriété par rapport aux tiers, peut seule aussi, et par cela même, créer la faculté de purger, cette faculté ne pouvant appartenir qu'à celui qui est devenu propriétaire.

Concluons que depuis 1855, le dépôt au greffe ne peut remplacer la transcription, et que l'acquéreur serait sans qualité pour procéder à la purge des hypothèques légales non inscrites, tant que son titre n'aurait pas été transcrit : les titulaires de ces hypothèques conserveraient, malgré une pareille purge, le droit de les inscrire, conformément aux art. 3 et 6 de la L. de 1855 (1).

L'acquéreur fera donc *d'abord*, transcrire son titre; puis « il déposera copie dûment collationnée du contrat translatif de propriété au greffe du tribunal civil. »

(1) Aubry et Rau, T. 3, § 295, note 3.

Cette copie doit être collationnée par l'officier public compétent, c'est-à-dire, soit par le notaire qui a reçu l'acte, soit par le greffier, s'il s'agit d'un jugement d'adjudication, soit enfin par les parties elles-mêmes, si l'acquisition ne se trouve constatée que par un acte sous-seing privé. Dans cette dernière hypothèse, il serait loisible au tiers acquéreur de déposer l'original même de son acte d'acquisition, ou une copie collationnée par le notaire auquel il aurait été déposé ; M. Duranton impose à l'acquéreur la nécessité de recourir à ce dernier moyen, mais nous croyons, avec MM. Aubry et Rau (1) que ce serait ajouter aux exigences de la loi que de lui imposer cette obligation. Le dépôt est constaté au moyen d'un acte dressé par le greffier.

Cette première formalité a soulevé une question d'attribution : on a prétendu d'une part que les avoués auraient un droit exclusif à remplir les formalités de la purge légale, et spécialement à faire le dépôt au greffe de la copie collationnée ; la jurisprudence a écarté cette prétention et décide avec raison que le dépôt peut être fait par tous autres que les avoués, et même, par la partie ou son fondé de pouvoirs, sans l'assistance de l'avoué.

D'un autre côté on a soutenu, que non-seulement les avoués n'auraient pas un droit exclusif, mais qu'ils ne pourraient à aucun titre faire le dépôt d'une copie collationnée, la copie n'étant légalement collationnée que par le détenteur de la minute. C'est là une exagération contraire ;

(1) Voy. MM. Aubry et Rau, t. 3, § 293 bis, note 44. Pont. 1288.

il s'agit dans l'art. 2194, d'une simple copie collationnée, et non d'une *expédition*, qui, en effet, ne peut être donnée que par le détenteur de la minute. Le ministère de l'avoué n'est pas obligatoire pour l'accomplissement des formalités de la purge, sans doute; mais on peut y procéder par son intermédiaire, car la purge est un de ces actes qui rentrent naturellement dans ses attributions (1).

Lorsqu'il existe plusieurs actes émanés du même vendeur au profit de différents acquéreurs, ceux-ci peuvent se réunir pour purger simultanément les hypothèques légales, et, conséquemment, ils peuvent porter, à cet effet, la copie de chacun de ces actes sur la même feuille de papier timbré; par suite un seul acte de dépôt doit être dressé.

L'administration de l'enregistrement décide, en ce sens, que le certificat du greffier constatant le dépôt au greffe par un seul et même acte, et pour parvenir à la purge des hypothèques, de la copie collationnée de plusieurs contrats de vente au profit d'acquéreurs distincts, n'est passible que d'un seul droit d'enregistrement (2).

Après le dépôt au greffe de la copie collationnée, le nouveau propriétaire doit certifier par acte signifié tant à la femme ou au subrogé-tuteur qu'au procureur de la république près le tribunal de la situation des biens, le dépôt

______

(1) Dalloz, Répert n° 2237. Paul Pont, n° 1408.

(2) Décision de *l'administratr. 5 Mars 1866.* Voy. en sens contraire un arrêt de la C. d'Agen du *1er juin 1859 (D. 60. 2. 149)* duquel il résulte qu'il devrait être dressé autant d'actes de dépôt qu'il existe de copies. P. Pont N° 1407 en note. Dalloz Répert. Priv. et hyp. 2243.

qu'il aurait fait : c'est la deuxième formalité exigée par notre
article. La signification doit être faite par huissier, mais l'art.
832 C. proc. se référant spécialement aux art. 2183 et
2185 et nullement à notre art. 2194, il faut en conclure,
qu'à la différence de ce qui a lieu pour les notifications et
pour la réquisition de surenchère dans la purge ordinaire,
il n'est pas nécessaire, dans la purge légale, que la signification soit faite par un huissier commis (1).

La signification doit être faite aux personnes même dési-
gnées par la loi : ainsi s'agit-il de l'hypothèque légale de la
femme, la signification sera faite à la femme, non au mari
qui est en opposition d'intérêts avec elle.

Mais la signification *à la personne même de la femme*
n'est pas obligatoire, et la jurisprudence admet que, faite
à la femme, même séparée de biens, en parlant à son mari,
trouvé à son domicile, elle suffit pour purger l'hypothèque
légale de sa dot sur les biens vendus par son mari, lorsque, d'ailleurs, il n'y a eu ni dol ni fraude ; qu'il n'est pas
exigé, a peine de nullité, que la signification soit faite à la
personne même de la femme (*C. art.* 68 *C. proc.*).

Sans doute la loi a voulu que la signification fût faite à
la femme, et non au mari qui a intérêt à faire disparaître
la copie et à rendre illusoire l'hypothèque de sa femme ;
mais exiger d'une manière absolue et à peine de nullité que
la remise fût faite à la personne même de la femme, quand
elle a le même domicile que son mari, c'eût été imposer au

(1) P. Pont 1409. Grenier D. 438. Troplong IV, 978

tiers-détenteur une condition dont le mari serait à peu près le maître de rendre l'exécution impossible. Ajoutons que les nullités ne se suppléent point, et, qu'en pareille matière, il n'est pas permis d'ajouter à la loi sous prétexte de l'interpréter.

La signification sera faite à la femme, même dans le cas où celle-ci aurait subrogé un créancier du mari à son hypothèque légale. Son obligation personnelle n'éteint pas, en effet, ses droits sur l'immeuble. Après le paiement du créancier, elle pourra toujours exercer son droit de préférence sur le surplus (1).

S'il s'agit de l'hypothèque légale du mineur, la signification sera faite, non pas au tuteur qui est en opposition d'intérêt avec son pupille, mais au subrogé-tuteur.

Mais il arrive fréquemment, surtout dans les campagnes, que les mineurs n'ont pas de subrogé-tuteur ; que fera le tiers-détenteur en pareil cas ? Nous croyons avec la majorité des auteurs, qu'il doit provoquer la nomination d'un subrogé-tuteur et lui adresser la notification prescrite par l'art. 2194.

Enfin, dans l'un et l'autre cas, c'est-à-dire, soit qu'il s'agisse de l'hypothèque légale de la femme mariée, soit de celle du mineur ou de l'interdit, la signification doit aussi être adressée au procureur de la République près le tribunal de la situation des biens ; cette signification est nécessaire et ne peut suppléer celle qui doit être faite à la femme ou au subrogé-tuteur : en tout état de cause, il

---

(1) P. Pont 1410. Seligmann, comment. de la L. 1858, n° 31.

faut que ceux-ci reçoivent une signification sans laquelle la purge de l'hypothèque ne s'accomplirait pas au profit du nouveau propriétaire.

Des termes de l'art. 2194 on avait voulu conclure que les règles tracées par notre chap. IX pour la purge des hypothèques légales non inscrites, de la femme et du mineur, ne sont applicables qu'au cas où le mariage et la tutelle sont encore subsistants : cette conclusion a été repoussée par un avis du Conseil d'État du 8 mai 1812, lequel a décidé : « que si, aux termes de l'art. 2194 C. C. « la notification doit être faite à la femme et au subrogé-« tuteur, le mari vivant et la minorité subsistant, à plus « forte raison doit-elle l'être lorsque la mort du mari et la « cessation de la minorité ont rendu la femme et le mineur « maîtres de leurs actions, et ont réalisé pleinement pour « eux le droit et l'intérêt de cette hypothèque légale. »

La loi du 23 mars 1855, art. 8, ayant assujetti la veuve, le mineur, l'interdit, leurs héritiers ou ayant-cause à prendre inscription dans l'année qui suit la dissolution du mariage ou la cessation de la tutelle, cet avis du Conseil d'État ne peut trouver aujourd'hui d'application que lorsque le tiers-détenteur veut purger avant l'expiration de ladite année.

Il peut arriver que le tiers-détenteur ne connaisse pas l'existence des hypothèques légales, ou que l'individualité des créanciers auxquels une hypothèque est accordée par la loi ne soit pas établie. Un avis du Conseil d'État du 1er juin 1807 prévoit cette hypothèse.

Aux termes de cet avis, il est nécessaire et suffisant, pour la purge des hypothèques, que le tiers-détenteur déclare, dans la notification qu'il adresse au procureur de la République, que les personnes du chef desquelles il pourrait être pris inscription à raison d'hypothèques légales dispensées de cette formalité, ne lui étant pas connues, il fera publier, dans les formes prescrites par l'art. 696, C. proc., la signification qui devrait leur être adressée, et que, de fait, il effectue cette publication. S'il n'y a pas de journaux dans le département, il obtiendra du procureur de la République un certificat constatant qu'il n'en existe pas.

Cet avis du Conseil d'État n'est applicable qu'au cas où l'existence du mineur ou de la femme est inconnue, et non à celui où il y a des enfants mineurs dont le tiers-détenteur ne connaît pas les subrogés-tuteurs. Il parle, il est vrai, du cas où le subrogé-tuteur n'est pas connu, et plusieurs arrêts en avaient conclu que, dans ce cas, et bien que l'existence du mineur ne fût pas ignorée, il suffisait au nouveau propriétaire, pour purger, de s'en tenir aux formalités telles qu'elles sont décrites dans l'avis précité. Mais cette conclusion ne saurait être admise : dès que l'acquéreur connaît l'existence du mineur, il n'est plus dans l'impossibilité de faire la signification prescrite par notre acte. Rien n'est plus aisé que de connaître le nom du subrogé-tuteur, et s'il n'en a pas, rien n'est plus simple que d'en provoquer la nomination, l'art. 406 C. C. autorisant toute personne intéressée à requérir la convocation du

conseil de famille. C'est ce que doit faire le nouveau propriétaire, sans quoi, et s'il procédait conformément à l'avis
du Conseil d'État, il ne purgerait pas valablement l'hypothèque, dont la purge, dans ce cas, doit être faite dans les
termes du droit commun consacré par l'art. 2194.

Trop souvent, on abuse, dans la pratique, de cette décision du Conseil d'État ; au moyen d'une déclaration que
fait le tiers-détenteur qu'il ignore le domicile du subrogé-
tuteur ou des représentants de la femme, il se dispense de
leur faire directement la notification exigée par l'art. 2194.
Les tribunaux doivent réprimer cette fraude : plus la déchéance prononcée contre les femmes et les mineurs, à
défaut d'inscription dans les 2 mois, est rigoureuse, plus
ils doivent se montrer sévères contre le tiers-détenteur qui
n'aurait pas fait loyalement toutes les recherches nécessaires pour découvrir le domicile du subrogé-tuteur, de la
femme ou des représentants, et du moment que l'on par-
viendrait à démontrer que cette découverte ne lui était pas
impossible, il faudrait déclarer que l'immeuble n'a pas été
affranchi de l'hypothèque.

La notification de l'art. 2194 fait courir les intérêts du
prix de vente au profit des créanciers à hypothèque légale,
comme les notifications faites en vertu de l'art. 2183 les
font courir au profit des créanciers inscrits. Cette notification, en effet, est, pour les créanciers non inscrits, une mise en
demeure non-seulement d'avoir à inscrire leur hypothèque,
mais encore, si le prix ne leur paraît pas suffisant, de
former une surenchère ; les notifications des art. 2194 et

2183 ayant, sous ce rapport, le même objet, elles ne sauraient avoir, sur les intérêts du prix, des effets légaux différents (1).

Enfin la dernière formalité indiquée par notre art. est l'affiche, pendant deux mois, dans l'auditoire du Tribunal, d'un extrait du titre d'acquisition.

Cet extrait doit contenir : la date du titre, les noms, prénoms, profession et domicile des contractants, la désignation de la nature et de la situation des biens, le prix et *les autres charges de la vente.*

Par charges de la vente, il faut entendre toutes les sommes ou prestations que, pour devenir propriétaire de l'immeuble, l'acquéreur s'est obligé de payer ou de fournir en sus du prix proprement dit, soit au vendeur lui-même, soit à ses créanciers à sa décharge, soit à des tiers qu'il en a gratifiés, et dont le paiement ou l'accomplissement doit ainsi tourner directement ou indirectement au profit de ce dernier. Telle est, par ex., l'obligation imposée à] l'acquéreur d'acquitter les frais qui ne seraient pas de plein droit à sa charge, et notamment les frais de purge. Tel est encore l'engagement contracté par l'acquéreur de payer les contributions échues avant l'époque à laquelle se trouve fixée ou reportée son entrée en jouissance (2).

L'accomplissement de cette formalité se constate au moyen d'un certificat délivré par le greffier.

(1) Voyez en ce sens : Cass. 1 mars 1870. Dalloz 70. 9. 263.
(2). Aubry et Rau t § 3 294 lettre *a.*
(3) P. Pont 1413 — Dalloz, Répert. V° Priv. et hyp. 2244. 2°.

On est généralement d'accord pour décider que l'omission de l'une des indications que doit contenir l'extrait du titre n'entrainerait pas nécessairement la nullité : il en serait autrement si cette omission empêchait les créanciers mis en demeure de se déterminer sur le point de savoir s'ils ont ou non intérêt à répondre à l'appel qui leur est fait par la réquisition d'une inscription. Ainsi la Cour de Lyon a prononcé la nullité dans une espèce où l'extrait contenait une désignation des biens telle, que les créanciers ne pouvaient reconnaître s'ils étaient ou non frappés de leur hypothèque légale.

Lorsque l'immeuble acquis par le nouveau propriétaire et sujet à purge, a été l'objet de ventes successives, il est d'usage, dans la pratique, d'indiquer dans l'extrait les noms, professions et domiciles des précédents propriétaires et les ventes consenties par chacun d'eux. Toutefois ce n'est pas une nécessité, et la formalité serait valablement remplie si le nouveau propriétaire croyait devoir s'en tenir aux indications relatives à son propre contrat.

SECTION II.

Purge en cas d'expropriation forcée.

Nous·avons établi au commencement de cette étude que le Code civil ne s'était occupé de la purge des hypothèques légales qu'à l'occasion de la vente volontaire, et nous venons d'indiquer les formalités, que, dans ce cas, le tiers acquéreur avait à remplir. Pour le cas d'une expropriation forcée, c'est la Loi du 21 mai 1858 sur les ordres qui nous donne la marche à suivre dans les art. 692. 696 du Code de procédure, que nous allons analyser.

Le paragraphe 2 de l'art. 692 contient une des innovations importantes de la loi ; depuis son arrêt rendu en 1833 en audience solennelle, la Cour de Cassation considérait invariablement qu'en cas de saisie immobilière, les créanciers ayant une hypothèque légale non inscrite ne sont pas appelés pour assister à la poursuite, et que, ne pouvant venir y défendre leurs droits il y aurait injustice à les en dépouiller. Elle décidait en conséquence que le jugement d'adjudication ne purge pas les hypothèques légales dispensées d'inscription et non inscrites, et elle obligeait l'adjudicataire à faire la purge de ces hypothèques.

La loi du 21 mai 1858, revenant aux anciens principes, consacra la doctrine contraire et donna pour effet au jugement d'adjudication, ou plutôt à la transcription de ce jugement, d'effacer toutes les hypothèques, aussi bien les hypothèques dispensées d'inscription que les hypothèques inscrites. Mais, tenant compte de l'argument sur lequel la Cour suprême étayait son système, à savoir que les créanciers à hypothèque légale n'étant pas appelés à la poursuite, il y aurait injustice à les dépouiller de leurs droits, le législateur de 1858 se préoccupa de l'intérêt des incapables, et fit cesser l'inégalité réelle qui existait entre leur situation et celle des créanciers inscrits.

En effet, pour opérer la purge vis-à-vis de ces derniers, on les somme d'assister à la poursuite de saisie ; au contraire tout se passait avant 1858, hors la présence des créanciers à hypothèque légale ; on les privait de leur hypothèque sans qu'ils pussent intervenir pour la défendre. Le législateur comprit que si on voulait que l'adjudication sur saisie immobilière effaçât aussi les hypothèques légales, il fallait appeler à la poursuite les créanciers pourvus de cette hypothèque, et les mettre en demeure de faire valoir leurs droits : de là l'art. 692. 2 Code procéd.

Cet art. prescrit les sommations qui ont pour but de faire connaître aux créanciers à hypothèque légale la poursuite de saisie, de les y associer, et de lier ainsi, par leur intervention, la purge de leurs hypothèques à la procédure d'expropriation :

« Pareille sommation (que celle faite au saisi) (1) sera faite dans le même délai de huitaine, outre un jour par cinq myriamètres... à la femme du saisi... »

Nous déciderons, comme nous l'avons fait pour le cas de purge sur aliénation volontaire, que la sommation à la personne même de la femme n'est pas obligatoire, et que la copie pourra en être remise à son domicile parlant à son mari.

« Aux femmes des précédents propriétaires, au subrogé-tuteur des mineurs ou interdits, ou aux mineurs devenus majeurs, si dans l'un et l'autre cas, les mariage et tutelle sont connus du poursuivant d'après son titre. »

---

(1) D'avoir à prendre communication du cahier des charges, d'assister à la lecture qui en sera faite, etc. Voy. l'art. 691 proc. civ.

La loi prescrit donc la même sommation aux femmes des précédents propriétaires ; sur ce point pas de difficulté ; l'avoué du poursuivant établira dans son titre l'état civil du saisi qui lui montrera s'il est époux ou tuteur, et il relèvera en même temps l'état civil des précédents propriétaires.

Le cas où le mineur n'a pas de subrogé-tuteur est plus délicat, et la discussion au Corps législatif sur l'article 692 laisse des doutes sur le point de savoir si le poursuivant devra ou non provoquer la nomination d'un subrogé-tuteur.

M. Seligmann (1) se fondant sur la discussion de la loi, prétend que la nomination d'un subrogré-tuteur exigerait recherche du lieu où le conseil de famille doit s'assembler, et des membres qui doivent le composer, puis, des sommations pour les faire comparaître. Les frais qui en résulteraient, dit-il, augmenteraient de beaucoup ceux d'expropriation, car on ne pourrait raisonnablement mettre ces frais à la charge du mineur dont on veut purger l'hypothèque ; il conclut à la non-nécessité de faire nommer un subrogé-tuteur, d'autant que le délai de huitaine imparti par l'art. 692 pour les sommations est assez restreint.

Nous rejetterons cette opinion et nous déciderons avec M. Paul Pont que, s'il n'y a pas de subrogé-tuteur, le poursuivant doit en faire nommer un. A ces mots de l'art. 692 : « pareille sommation sera faite au subrogé-tuteur, » la commission du Corps législatif avait proposé d'ajouter : « s'il en existe un. » D'où, par a contrario,

_____

1. Comment. de la loi du 21 mai 1858 § 30.

on pouvait conclure que s'il n'en existait pas, il ne serait pas nécessaire d'en faire nommer un. Mais le Conseil d'État repoussa cet amendement, et de ce rejet nous pouvons induire que le poursuivant doit provoquer la nomination d'un subrogé-tuteur, s'il n'en existe pas, et lui adresser la sommation de l'art. 692 (1).

Notre art. ajoute que la sommation ne doit être faite aux créanciers à hypothèque légale que si les mariage et tutelle sont connus du poursuivant d'après son titre, c'est-à-dire d'après l'écrit qui constate sa créance ; ainsi le poursuivant n'a que son titre à consulter quand il dresse la liste des incapables pour faire sommation.

Cette sommation invite les créanciers à prendre communication du cahier des charges, à fournir leurs dires et observations et à assister à la lecture et publication qui en sera faite, ainsi qu'à la fixation du jour de l'adjudication (art. 691). Elle contient, en outre, l'avertissement spécial que, pour conserver leurs hypothèques légales sur l'immeuble exproprié, les créanciers à qui compètent ces hypothèques devront les faire inscrire avant la transcription du jugement d'adjudication.

Enfin, comme dernière précaution dans l'intérêt des incapables, le paragraphe 2 de l'art. 692 exige qu'une copie de la sommation soit notifiée au procureur de la République de l'arrondissement où les biens sont situés, lequel est tenu de requérir l'inscription des hypothèques légales du chef du saisi seulement, sur les biens compris dans la saisie.

1. Voy. en ce sens la Circul. minist. du 2 mai 1859.

CHAPITRE II.

Après que le nouveau propriétaire a déposé une copie dûment collationnée de son titre, certifié son dépôt par acte signifié tant à la femme et au subrogé-tuteur qu'au procureur de la République, et fait afficher un extrait de son contrat dans l'auditoire du tribunal, les hypothèques légales, de la femme, du mineur ou de l'interdit ne sont pas encore purgées. Il n'y a dans tout cela qu'une simple mise en demeure, un appel fait aux inscriptions qui révéleront les hypothèques non inscrites.

Cela résulte de l'art. 2194 *in fine*, qui dit que pendant ce délai de deux mois « les femmes, les maris, tuteurs, subrogés-tuteurs, mineurs, interdits, parents ou amis et le procureur du Roi seront reçus à requérir, s'il y a lieu, et à faire faire au bureau du conservateur des hypothèques, des inscriptions sur l'immeuble aliéné, qui auront le même effet que si elles avaient été prises le jour du contrat de mariage ou le jour de l'entrée en gestion du tuteur, sans préjudice des poursuites qui pourraient avoir lieu contre les maris et les tuteurs pour hypothèques consenties au profit de tierces personnes sans leur avoir déclaré que les immeubles étaient déjà grevés d'hypothèques en raison du mariage ou de la tutelle. »

Au point de vue de l'époque à laquelle remontent les effets de l'hypothèque légale de la femme, il y a un conflit entre notre art. 2194 et l'art. 2135. D'après l'art. 2194 l'hypothèque légale de la femme inscrite dans le délai de deux mois remonte, quant à ses effets au jour du contrat de mariage, d'après l'art. 2135 elle remonterait au jour du mariage.

Dans notre ancien droit, on distinguait suivant qu'il y avait un contrat de mariage ou non ; s'il y avait un contrat, c'était du jour de ce contrat que l'hypothèque prenait rang, s'il n'y avait pas de contrat, c'était du jour de la célébration du mariage. Dès lors quelques auteurs ont prétendu trancher la difficulté en disant : l'art. 2135 vise le cas où il n'y a pas de contrat, l'art. 2194 celui où il y en a un.

Nous repoussons cette interprétation, et nous dirons avec notre savant maître M. Bufnoir : l'art. 2194 importe peu, c'est l'art. 2135 seul qui doit décider la question de savoir à quel jour l'hypothèque légale de la femme doit prendre rang. L'art. 2194 en effet, ne parle qu'accidentellement de l'époque à laquelle elle remonte ; il serait contraire aux règles d'une bonne interprétation d'y voir une dérogation à l'art. 2135 dont l'objet principal et direct a été précisément d'en fixer la date pour les différentes créances de la femme (1).

____

(1) Aubry et Rau T. 3 § 264 ter, note 64. — Voy. en sens contraire un jugem. du trib. civil de Montpellier 7 janvier 1870, Dalloz 71. 3. 7.

L'argument tiré de l'ancien droit nous paraît sans valeur ; quand il y avait un contrat, l'hypothèque n'était pas véritablement légale, c'était l'hypothèque résultant de tout acte authentique. Aujourd'hui cette règle n'existe plus, nous ne devons plus en tenir compte.

Du reste si l'hypothèque datait du contrat, les tiers seraient sans protection ; nous aurions là une hypothèque véritablement occulte, car la publicité attachée au mariage, manque absolument au contrat de mariage. Concluons que, quant à ses effets, l'hypothèque légale doit remonter au jour du mariage, et qu'il y a, dans l'art. 2194, un vice de rédaction.

Le seul effet attaché aux formalités prescrites par l'art. 2194 est donc de faire cesser la dispense d'inscription établie en faveur des hypothèques légales des femmes mariées, des mineurs et des interdits, et de soumettre les personnes auxquelles compètent de pareilles hypothèques, ou leurs représentants, à la nécessité de les faire inscrire dans le délai de deux mois.

Le point de départ de ce délai varie suivant qu'il s'agit d'hypothèques légales *connues*, cas auquel des notifications individuelles ont été adressées aux personnes que nous connaissons, ou qu'il s'agit d'hypothèques légales *inconnues*, cas auquel le nouveau propriétaire a rempli les formalités prescrites par l'avis du Conseil d'État du 1er juin 1807 : dans la première hypothèse, le délai de deux mois court du jour de l'affiche, dans l'auditoire du tribunal, de l'extrait de l'acte d'acquisition ; dans la seconde, du jour de la publication faite conformément au nouvel art. 696 Code procéd., ou du jour de la délivrance du certificat du procureur de la république, portant qu'il n'existe pas de journal dans le département.

Ce délai de 2 mois est-il susceptible d'augmentation à raison des distances, par application des art. 73 et 1033 du Code de procédure ? La question est discutée par les auteurs et la jurisprudence nous offre sur ce point des arrêts contradictoires ; nous croyons plus juridique l'opinion d'après laquelle le délai dont s'agit ne serait pas susceptible d'augmentation à raison de la distance, même dans le cas où la personne au profit de laquelle l'inscription doit être prise demeure au-delà du territoire continental de la France : l'art. 73. Code procéd. qui indique les augmentations de délai n'a trait qu'aux ajournements, or il s'agit ici d'une inscription hypothécaire, et l'art. 1033 du même Code doit également être renfermé dans les cas qu'il mentionne et qui sont : les ajournements, citations, sommations et autres actes faits à personne ou à domicile (1).

Outre que les mineurs, interdits, femmes mariées ou représentants sont mis en demeure, par l'accomplissement des formalités de l'art 2194 de prendre inscription dans les 2 mois, ils ont encore, comme tous créanciers hypothécaires, le droit de surenchérir, s'ils espèrent que les enchères donneront à l'immeuble aliéné par le tuteur ou le mari, un prix supérieur à celui qui est porté dans l'acte d'aliénation. Notre art. ne consacre pas spécialement ce droit, mais

(1). Voy. Dalloz. Répert. Priv. et hyp. n° 2117 et 2118.

il ne saurait être refusé aux créanciers munis d'une hypothèque légale non inscrite, pas plus qu'aux autres créanciers
hypothécaires, puisque la surenchère n'est qu'une manifes-
tation du droit de suite, lequel est une prérogative attachée à
toutes les hypothèques indistinctement.

Toutefois, ce droit de surenchérir serait perdu pour nos
créanciers à hypothèques légales, si l'immeuble aliéné
avait déjà formé l'objet d'une adjudication prononcée à la
suite d'une première surenchère ; c'est l'application d'une
règle fondamentale de notre procédure que l'on formule
ainsi : « *Surenchère sur surenchère ne vaut.* »

Le motif de cette règle est bien simple : quand le prix
d'un immeuble peut être considéré comme ayant atteint sa
plus haute valeur, au regard des créanciers, toute surenchère est inutile et ne ferait qu'ajouter aux frais ; or, même
avant la loi du 2 Juin 1841, il était généralement admis
que l'adjudication sur surenchère du dixième fixait définitivement et au regard de tous les créanciers hypothécaires sans distinction, le prix de l'immeuble hypothéqué (1).
Cette solution fut sanctionnée par la loi précitée qui fit
entrer dans la rédaction de l'art. 838 du Code de procédure
un 7ᵉ alinéa ainsi conçu : « l'adjudication, par suite de
surenchère sur aliénation volontaire ne pourra être frappée
d'aucune autre surenchère. » Enfin la loi du 21 mai 1858
sur les Ordres l'a encore confirmée, en maintenant dans la
rédaction définitive de l'art. 838, l'alinéa que nous venons

(1) Voyer Grenier II. 566 Troplong, IV. 908.

de transcrire. Il est donc constant que les créanciers à hypothèques légales ne peuvent exercer leur droit de surenchères, que s'il n'y a pas eu déjà une adjudication de l'immeuble prononcée à la suite d'une première surenchère.

Cependant MM. Olivier et Mourlon (1) contestent cette solution : argumentant de la disposition finale ajoutée à l'art. 838 par la loi du 21 mai 1858 et ainsi conçue : « la purge des hypothèques légales, si elle n'a pas eu lieu, se fait comme au cas d'aliénation volontaire » (c'est à dire suivant les formes réglées par les art. 2193 et 2194), ces auteurs ont prétendu qne le législateur, violant la règle *Surenchère sur surenchère ne vaut* à l'instant où il venait de la poser, avait entendu réserver aux créanciers à hypothèques légales dispensées d'inscription, la faculté de faire une nouvelle surenchère du dixième.

Mais nous croyons, avec MM. Aubry et Rau, que c'est tout gratuitement que ces auteurs ont prêté à la loi une contradiction qui ne ressort nullement de son texte.

En effet, à la différence de la purge ordinaire, la purge légale telle qu'elle est organisée par les art. 2193 et suivants, ne tend pas précisément à provoquer l'exercice de la faculté de surenchérir ; sans doute le mineur, l'interdit, la femme mariée ont le droit, comme tous créanciers hypothécaires, de surenchérir, mais on ne peut pas dire que la surenchère soit l'objet spécial et direct de la purge légale; l'objet spécial et direct de cette purge est de constituer les

(1) Comment. de la loi du 21 mai 1858 n° 249 pages 439 444

créanciers à hypothèques légales dispensées d'inscription en demeure de s'inscrire sous peine de déchéance du droit de suite. C'est à ce point de vue, qui est bien celui du Code civil, que se sont placés les rédacteurs de l'art. 838 Code procéd. On comprend dès lors que le dernier alinéa de cet art. qui ne parle que dans le but spécial de l'inscription, de la purge des hypothèques légales, se concilie parfaitement avec l'avant-dernier alinéa du même art. aux termes duquel l'adjudication sur surenchère après aliénation volontaire, ne peut être suivie d'aucune autre surenchère. Du rapprochement de ces deux dispositions, tirons la conclusion que si, après une purge ordinaire suivie d'une adjudication sur surenchère, les créanciers à hypothèques légales mis en demeure de s'inscrire par l'accomplissement des formalités de la purge spéciale organisée à cet effet, conservent leur droit de suite au moyen d'une inscription prise dans les deux mois, ce droit ne leur confère pas cependant la faculté de faire une seconde surenchère, et qu'il se trouve, pour eux, comme pour les autres créanciers hypothécaires, converti en un droit sur le prix à payer par l'adjudicataire (1).

Demandons-nous maintenant dans quel délai les créanciers à hypothèque légale pourront faire cette surenchère.

La solution de cette question dépend, à notre avis, de cette autre : à savoir si l'acquéreur, après avoir rempli les

____

(1) Aubry et Rau, t. 3, § 293 bis, note 7.

formalités de l'art. 2194 est encore obligé, en cas d'inscription, dans les deux mois, de ces hypothèques, de faire à la femme, au mineur ou à l'interdit, les notifications qui, d'après l'art. 2183, doivent être adressées aux créanciers inscrits pour les mettre en demeure de surenchérir. Or, sur cette question, la négative est évidente. En effet, deux chapitres distincts et séparés tracent, dans notre Code civil, les formalités de la purge des hypothèques : l'un n'a trait qu'aux hypothèques soumises à la formalité de l'inscription, l'autre s'occupe spécialement de la purge des hypothèques légales. Ces deux procédures parallèles se suffisent à elles-mêmes et n'ont rien à emprunter l'une à l'autre. Les formalités de l'art. 2194 suffisent à elles seules pour la purge des hypothèques légales dispensées d'inscription et non inscrites avant leur accomplissement. Si elles suffisent, exiger de l'acquéreur, en cas d'inscription de ces hypothèques après l'accomplissement des formalités de la purge, des notifications comme celles que prescrit l'art. 2183, ce serait lui imposer une obligation nouvelle, ce serait ajouter à la loi.

On nous objecte qu'en inscrivant leurs hypothèques, la femme, le mineur, l'interdit rentrent dans le droit commun, que, dès lors, l'acquéreur ne peut purger à leur égard que suivant les formalités prescrites par les art. 2183 et suivants du Code civil, de même qu'ils ne pourraient, eux, surenchérir sans se conformer aux règles édictées par l'art. 2185, de même l'acquéreur, pour les constituer en demeure, doit se conformer à l'art. 2183 et leur adresser les notifications.

Séduit par ce que cette objection a de spécieux, le tribunal de la Seine (jugement du 11 avril 1857) avait admis que la femme, le mineur, l'interdit, auraient un délai de 40 jours pour surenchérir, indépendant du délai de deux mois fixé par l'art. 2194, et que l'expiration seule de ce second délai de 40 jours, emporterait déchéance du droit de surenchérir.

Nous ne croyons pas cette solution bonne : il nous paraît impossible d'admettre, pour les hypothèques légales dispensées d'inscription, deux sortes de purges : celle de l'art. 2194 et celle des art. 2183 et suiv. L'acquéreur d'un immeuble grevé de ces hypothèques les trouve-t-il inscrites? il purge selon le mode indiqué aux art. 2183 et suiv. Sont-elles occultes ? il accomplit les formalités de l'art. 2194, puis, qu'il survienne ou non une inscription, il n'a point à s'en préoccuper ; la purge qu'il a entreprise doit produire tous ses effets. La cour de Cassation a récemment confirmé cette doctrine que nous croyons la seule conforme aux principes (1).

La solution de la question du délai en découle claire-ment : Si l'acquéreur, dans l'hypothèse qui nous occupe, n'a pas à adresser à nos créanciers à hypothèques légales les notifications de l'art. 2183, si la purge forme une procé-dure complète et qui se suffit à elle-même, la loi n'ayant pas fixé de délai pour la réquisition de surenchère, nous devons en conclure que ce délai se confond avec celui de deux mois imparti à la femme, au mineur ou à l'interdit, pour prendre inscription. Il serait arbitraire, en l'absence

(1) Civ. Cass. 1 mars 1870. D. 70. 1. 263.

d'une disposition légale fixant un délai spécial pour la surenchère, d'ouvrir à la femme, au mineur ou à l'interdit, pour surenchérir, un délai autre que celui qui leur est donné pour inscrire leur hypothèque.

D'ailleurs quel serait le point de départ de ce délai ? la date de l'inscription ? Ce serait créer une disposition que ne justifierait même pas l'analogie, car, pour les hypothèques ordinaires, c'est la notification seule qui fait courir le délai de surenchère (1).

Un dernier argument tiré de l'ancien droit : l'analogie des dispositions de notre chapitre IX avec l'édit de 1771 est remarquable : c'est le même système avec de légères modifications. Le dépôt au greffe, l'affiche dans l'auditoire, l'exposition pendant deux mois, l'obligation de faire opposition au sceau des lettres de ratification dans ces deux mois, etc., toutes ces dispositions de l'édit de 1771 ont servi de type et de modèle aux art. qui composent le chapitre IX ; or, d'après l'art. 9 de l'édit, les créanciers devaient surenchérir dans les deux mois de l'exposition du contrat. Cette analogie nous semble décisive.

En ce qui concerne la capacité, la femme, même séparée de biens, ne peut surenchérir sans autorisation ; la surenchère, sera formée au nom des mineurs et interdits, par leurs subrogés-tuteurs (art. 420. 2).

La surenchère, en effet, si l'on n'envisage que son but, a un caractère conservatoire ; mais au point de vue de ses

(1) Voy. Paul Pont 1419. —Aubry et Rau, T. 3 § 295 note 13. — Troplong, hyp. T. 4. 982.

effets, elle a des conséquences graves ; ainsi le surenchérisseur s'engage à faire monter le prix d'un dixième au moins, et, s'il n'y réussit pas, il est déclaré personnellement adjudicataire (art. 2185). La surenchère renferme donc un engagement éventuel, et ne saurait, dès lors, être formée que par celui qui peut s'obliger (1).

Les formalités prescrites par l'art. 2194 ne constituent, nous venons de le voir, qu'une mise en demeure, ou un appel aux inscriptions ; comment donc l'immeuble, objet de la purge, sera-t-il définitivement affranchi de l'hypothèque légale ? A cet égard la loi prévoit deux hypothèses distinctes : celle où il n'a pas été pris d'inscription dans le délai de la loi, et celle où des inscriptions ont été prises.

§ I — *Il n'a pas été pris d'inscription.* —

Dans le cours des deux mois de l'exposition du contrat, il n'a pas été pris d'inscription du chef des femmes, mineurs, interdits. Dans ce cas, « les immeubles vendus passent à l'acquéreur sans aucune charge, à raison des dots, reprises et conventions matrimoniales de la femme, ou de la gestion du tuteur, et sauf le recours, s'il y a lieu, contre le mari ou le tuteur. » (art. 2195 alin. 1).

Ainsi le défaut d'inscription procure à l'acquéreur la franchise de l'immeuble du chef de la femme, du mineur ou de l'interdit ; vis-à-vis de lui, l'action hypothécaire de ces créanciers est absolument éteinte, leur droit de suite est

(1) Chauveau sur Carré 2465. — Troplong T. 4 n° 951.—Pont 1342.

perdu, et il ne leur est plus permis de provoquer la surenchère, ni de demander le délaissement. Ceci est incontestable et a toujours été admis par la doctrine et la jurisprudence.

Notons, avec MM. Aubry et Rau (1) que cette perte du droit de suite subsiste même au cas où, par l'effet d'une surenchère, l'acquéreur qui a rempli les formalités de la purge, s'est trouvé évincé de son acquisition, c'est-à-dire que l'adjudicataire sur surenchère n'est pas tenu de procéder à une nouvelle purge des hypothèques légales.

Mais les créanciers à hypothèques légales, définitivement déchus de leur droit sur l'immeuble vis-à-vis de l'acquéreur, doivent-ils être considérés comme déchus également de leur droit sur le prix vis-à-vis des autres créanciers, en sorte que, les choses étant entières, et le prix n'étant encore ni payé, ni distribué, ni délégué, ils ne puissent pas, nonobstant le défaut d'inscription, se présenter et demander à être payés à leur rang? En d'autres termes, la perte du droit de suite a-t-elle entraîné la perte du droit de préférence? C'était là, avant la loi de 1858, une des questions les plus controversées du régime hypothécaire. La jurisprudence et les auteurs étaient également divisés sur cet important point de droit.

Sans discuter la question qui est aujourd'hui définitivement tranchée dans le sens de la négative, examinons les arguments qu'invoquaient, avant 1858, les partisans des deux solutions adverses.

(1) T. 3 § 295 texte n° 2.

La Cour de Cassation, qui soutenait que la perte du droit de suite entraînait celle du droit de préférence, que la femme, le mineur, l'interdit, déchus de leur droit de suite sur l'im-meuble n'auraient plus aucun droit sur le prix, la Cour de Cassation a maintenu sa doctrine, malgré les plus vives attaques, dans une série d'arrêts qui embrassent une période de près de 30 années, et notamment dans un arrêt rendu en audience solennelle le 23 février 1852, contrairement aux conclusions de M. le Procureur général Delangle (1).

Les auteurs partisans de cette doctrine tiraient leur principal argument des art. 2180 et 2195. L'art. 2180 porte que : « les priviléges et hypothèques s'éteignent... 3° par l'accomplissement des formalités et conditions prescrites au tiers détenteur pour purger les biens acquis. » S'éteignent, disait-on ; donc, si l'hypothèque est éteinte, tous les effets qui y sont attachés, tombent et par conséquent le droit d'être colloqué et payé, s'éteint avec elle : *cessante causâ cessat effectus.*

Il est vrai qu'on pouvait répondre, et que M. Troplong avait répondu, que l'hypothèque n'est éteinte que par rapport au tiers détenteur, et que le droit sur l'immeuble se convertit en droit sur le prix ; que c'est là précisément ce qu'exprime l'art. 2195 quand il déclare qu'à défaut d'inscription, du chef de la femme ou du mineur, l'immeuble passe à l'acquéreur, libre de toute charge, à raison des

______

(1) Voy. les conclusions du rapport dans Sirey 52, 2, 84. Voy. aussi le rapport de M. Faustin-Hélie, p. 82.

dots, reprises ou conventions matrimoniales, ou de la gestion du tuteur.

Cette division du droit d'hypothèque en deux tronçons, le droit de suite et le droit de préférence, ajoutaient les partisans de l'opinion opposée, est contraire aux principes et aux textes. Ces deux droits sont indissolublement liés l'un à l'autre, en sorte que si l'un périt, l'autre ne peut lui survivre. C'est ce qu'exprime l'art. 2114 quand il dit que l'hypothèque est, de sa nature, indivisible : l'hypothèque est indivisible de sa nature, et cette nature ne change jamais, l'objet seul de ce droit peut changer.

Néanmoins la solution contraire avait une couleur d'équité ; les cours d'appel, chaque fois qu'elles avaient à juger la question, se prononçaient contre la déchéance absolue, et proclamaient, pour les créanciers à hypothèques légales, le droit de se faire colloquer sur le prix nonobstant la perte de leur droit de suite. C'est cette doctrine qu'a confirmée la Loi du 21 mai 1858 sur les Ordres.

Outre qu'elle était très-rigoureuse pour les femmes, les mineurs, et les interdits dont les intérêts sont si chers aux yeux de la loi, la doctrine de la Cour suprême avait contre elle les principes : entachée de ce double vice, elle ne pouvait prévaloir.

On ne conteste pas en effet, que la purge légale ne soit établie dans l'intérêt exclusif des acquéreurs ; d'un autre côté, il est certain que, vis-à-vis des créanciers, la femme et le mineur n'ont pas besoin d'inscription. Cela étant, la conclusion se présente d'elle-même ; qu'ils aient répondu ou non par une inscription à la mise en demeure dont ils ont été l'objet, la femme, le mineur et l'interdit qui se présentent par eux-mêmes ou par leurs représentants à l'ordre ouvert pour la distribution du prix, y doivent étre admis. Par qui donc, en effet, pourraient-ils en être écartés ? Par l'acquéreur ? Il est sans intérêt, puisque l'immeuble étant désormais purgé vis-à-vis de lui, il lui importe peu de se libérer entre les mains de l'un ou de l'autre, or il est de principe dans notre droit que, *pas d'intérêt pas d'action.*

Seraient-ce les autres créanciers qui élèveraient la prétention d'écarter de l'ordre ouvert la femme, le mineur ou l'interdit ? Cette prétention serait exhorbitante, puisque, vis-à-vis d'eux, l'existence de l'hypothèque légale est indépendante de toute inscription.

Cette donnée première qui s'induit des principes généraux trouve dans la loi nouvelle une pleine et entière confirmation. La Cour de cassation n'a été amenée à la méconnaître que par la confusion perpétuelle de deux questions absolument distinctes par leur nature et par leur objet, et des deux droits, essentiellement différents, dans lesquels se résume toute hypothèque, c'est-à-dire le droit de suite qui intéresse particulièrement les créanciers dans leurs rapports avec le détenteur de l'immeuble affecté de leur hypothèque, et le droit de préférence, complétement étranger au détenteur, et qui ne concerne que les créanciers dans leurs rapports entre eux.

La distinction de ces deux droits ressort nettement de l'exposé des motifs de la loi du 21 mai 1858 ; c'est le

Conseil d'Etat qui parle : « deux droits bien distincts dé-
« rivent de l'hypothèque : le droit de suite sur l'immeuble
si le tiers détenteur ne paie pas son prix, le droit de collocation sur le prix, quand il est payé.

« L'hypothèque légale existe indépendamment de l'ins-
« cription, et vis-à-vis du tiers-détenteur qu'elle grève du
« droit de suite, et vis-à-vis des autres créanciers qu'elle
« grève d'un droit de préférence sur le prix. Chacun de
« ces divers intéressés a connu l'existence de l'hypothèque
« légale, quoique non inscrite, il s'est soumis à ces deux
« conséquences respectives *et non liées l'une à l'autre*. Si
« le tiers-détenteur veut se débarrasser du droit de suite,
« il purge l'hypothèque légale et remplit les formalités de
« l'art. 2194. Si la femme ou le mineur ne prennent pas
« inscription dans les deux mois, le droit de suite n'existe
« plus, le tiers-détenteur offre son prix, et dit à tous les
« créanciers hypothécaires: réglez entre vous les droits de
« préférence et de collocation. La purge qu'il a opérée, il
« ne l'a faite que pour lui, dans son intérêt unique. Il
« n'est pas chargé et il ne s'est pas chargé de défendre les
« droits des créanciers les uns à l'égard des autres; il ne
« peut que payer son prix. Il n'a voulu, par la purge,
« que soustraire son immeuble au droit de suite, il a exercé
« l'action particulière qu'il avait contre la femme et le
« mineur, *tout est consommé sur ce point*.

« Quant aux créanciers inscrits qui s'étaient bien sciem-
« ment soumis au droit de préférence de la femme ou du
« mineur, même sans inscription, quelle action a été

« exercée par eux ? Comment se sont-ils débarrassés de ce
« droit qu'aucune loi ne leur a permis de faire disparaî-
« tre, parce qu'ils l'ont accepté jusqu'au paiement du
« prix ? Comment la femme et le mineur qu'ils n'ont pas
« interpellés ni mis en demeure relativement au droit in-
« dépendant de l'inscription, ont-ils pu le perdre ? Que
« s'est-il passé entre eux qui ait pu changer leur posi-
« tion ? On ne le voit pas. Le droit de suite a péri parce
« que la loi, dans un cas déterminé, en avait soumis
« l'exercice à l'inscription, le droit de préférence demeure,
« parce qu'il dépend de la nature de l'hypothèque, non
« de l'inscription. » (1)

Il est difficile d'établir plus clairement l'indépendance
de ces deux droits qu'avait perpétuellement confondus la
Cour suprême ; il est vrai que la législation actuelle est
moins favorable à l'acquéreur, que la survie du droit de
préférence au droit de suite pourra lui nuire, en ce sens
que les créanciers hypothécaires ayant toujours à craindre
l'apparition d'un créancier préférable, pourront l'évincer
par une surenchère qu'ils n'auraient certainement pas faite
s'ils avaient été assurés qu'une fois les deux mois passés,
personne autre que les créanciers inscrits ne viendrait con-
courir sur le prix ; mais l'intérêt des incapables a prévalu
sur toute autre considération ; cet intérêt dont la conservation importe à l'Etat, ainsi que le disait Portalis en dis-
cutant les bases de l'art. 2135, a préoccupé au dernier

(1) Voy. Houyvet, comment. de la L. de 1858 page 75.

point le législateur de 1858 ; « la purge des hypothèques
« légales, disait M. Riché dans son rapport au Corps légis-
« latif, n'est pas toujours un mode d'interpellation assez
« sûr et assez compris pour que l'on puisse garantir que
« l'incapable a été averti, et que son ignorance ou sa
« dépendance lui ait laissé la faculté de profiter de l'aver-
« tissement. Le mari ou le subrogé-tuteur peut être négli-
« gent, peu éclairé ou avoir des intérêts opposés à celui de
« l'incapable. Il ne faut donc pas assimiler la femme et le
« mineur à des créanciers ordinaires, et s'il est possible,
« après la purge, de leur réserver un droit de préférence
« sur le prix, il faut s'empresser de le faire, sous peine de
« leur retirer la protection, précisément au moment où elle
« devient nécessaire. »

Tels sont les motifs qui ont inspiré le législateur de 1858
et dicté l'art. 772 du Code de procéd. lequel réserve à la
femme, au mineur, et à l'interdit déchus du droit de suite
faute d'avoir inscrit leur hypothèque dans les deux mois,
le droit de se faire colloquer sur le prix, au rang de leur
hypothèque.

Il y avait un cas, sous l'empire du Code civil, où les
choses se passaient ainsi. Aux termes de l'art. 2198,
quand le conservateur omet de signaler une des charges
inscrites à l'acquéreur qui vient se rendre compte de la
situation hypothécaire de l'immeuble, l'immeuble demeure
affranchi entre les mains de l'acquéreur, sauf, bien entendu,
la responsabilité du conservateur, mais les créanciers omis
conservent le droit de se faire colloquer suivant l'ordre qui

leur appartient, tant que le prix n'a pas été payé par l'acquéreur, ou tant que l'ordre n'a pas été homologué. (C. C. art. 2198.)

De même, avant 1855, et sous le régime des art. 834 et 835, Proc. civil., le co-partageant qui n'avait pas inscrit son privilége dans la quinzaine de la transcription, perdait bien le droit de suite, mais pouvait encore s'inscrire, dans les 60 jours du partage, au point de vue du droit de préférence. Enfin, pour les hypothèques légales, l'art. 17 de la loi du 3 mai 1841 contient une disposition de la même nature.

D'après l'art. 2198, les créanciers peuvent se faire colloquer tant que le prix n'a pas été payé ou l'ordre homologué ; ce droit serait aussi perdu pour eux, si le débiteur hypothécaire avait soit cédé à un tiers, soit délégué à d'autres créanciers, le prix de l'immeuble. Il est incontestable que quand l'acquéreur a rempli les formalités de la purge, et qu'il n'est pas survenu d'inscription d'hypothèque légale, il ne peut plus retenir le prix. Le vendeur peut le contraindre à le payer ; si l'acquéreur doit verser son prix, le vendeur, débiteur hypothécaire, a bien le droit de le céder à un tiers ou de le déléguer à ses propres créanciers. Les créanciers à hypothèques légales qui ont négligé de s'inscrire, ne pourraient empêcher l'effet de cette cession ou de cette délégation qu'en pratiquant une saisie arrêt entre les mains de l'acquéreur, avant la signification de la cession ou l'acceptation de la délégation (argum. de l'art. 1690) (1).

1. Aubry et Rau t. 3 § 283, texte n° 1 et note 5.

Ce n'est donc que quand le prix est encore dû par le débiteur hypothécaire, que la femme, le mineur, l'interdit conservent le droit de se faire colloquer. Toutefois ce droit n'est pas absolu et illimité. Par une sorte de transaction entre l'intérêt des incapables et celui du crédit public, la loi du 21 mai 1858 en a subordonné l'exercice à certaines conditions. Le Code, nous venons de le voir, le soumettait à la condition que le prix n'eût été ni payé ni cédé, ni délégué ; la loi nouvelle l'a renfermé dans des limites plus précises et plus étroites, et lui a assigné une durée certaine; ces dispositions font l'objet des art. 772 et 717 du Code de procédure.

L'art. 772 vise le cas d'une vente volontaire, l'art. 717 celui d'une expropriation forcée; mais dans les deux hypothèses, que nous étudierons cumulativement, l'aliénation peut être suivie :

1° D'un ordre amiable ;

2° D'un ordre judiciaire ;

3° Ou n'être suivie d'aucun ordre.

Dans tous les cas, remarquons que, pour qu'il soit question du droit de préférence survivant seul, il faut qu'il y ait purge du droit de suite. Ce droit de préférence, en effet, va se manifester dans l'ordre qui sera ouvert pour la distribution du prix, or il ne peut y avoir d'ordre que lorsque tout droit de suite est éteint, et que les droits des créanciers sont portés, d'après leur rang, sur le prix (2).

2. Troplong, priv. et hyp. nº 985.

1er cas — *Ordre amiable.*

§ I. *Expropriation forcée.* — Supposons d'abord une
expropriation forcée ; la purge du droit de suite s'est faite
par la transcription du jugement d'adjudication précédée
des avertissements aux incapables conformément aux art.
692 et 696 C. procéd. Un ordre amiable est ouvert devant
le juge : « les créanciers à hypothèques légales qui n'ont
« pas fait inscrire leur hypothèque avant la transcription
« du jugement d'adjudication, ne conservent le droit de
« préférence sur le prix qu'à la condition de faire
« valoir leurs droits avant la clôture de l'ordre amiable
« conformément aux art. 751 et 752. » (proc. 717 *in* fine).

Ils feront valoir leurs droits en produisant leurs titres
au greffe du tribunal ou devant le juge qui procède à l'ordre
amiable.

Ainsi, en cas d'ordre amiable, ils ont jusqu'à la clôture
de l'ordre ; cette clôture se fait par le juge, sur le procès-
verbal qui contient le réglement définitif accepté et signé
par les créanciers ou leurs fondés de pouvoirs. Tant que le
magistrat qui dirige l'ordre n'en a pas prononcé la clôture
sur ce procès-verbal, les créanciers à hypothèques légales
peuvent se présenter pour exercer leur droit de préférence.

§ 2. *Aliénation volontaire.* — Il y a eu aliénation volontaire suivie de purge. C'est le cas prévu par l'art. 772.
D'après cet art. pour que le créancier à hypothèques légales
puisse exercer le droit de préférence, il faut qu'un ordre

soit ouvert dans les trois mois qui suivent l'expiration du délai de deux mois de l'art. 2195.

Ces expressions « qu'un ordre soit ouvert » s'appliquent évidemment à l'ordre amiable, et non à l'ordre judiciaire. Dans toute distribution de prix d'immeubles, l'ordre amiable est le préliminaire nécessaire, et souvent il clôt les opérations d'ordre, si les créanciers hypothécaires tombent d'accord, tandis que l'ordre judiciaire n'a pas lieu, s'il y a moins de quatre créanciers inscrits.

Il faut donc qu'un ordre amiable soit ouvert dans les 3 mois, et que les créanciers à hypothèques légales y fassent valoir leurs droits avant la clôture.

Il pourrait se faire que l'acquéreur procédât seulement à la purge des hypothèques légales, et qu'il laissât passer 3 mois sans purger les hypothèques inscrites. Or l'art. 772 fait de l'ouverture de l'ordre dans les 3 mois la condition *sine quâ non* de la conservation du droit de préférence. Les incapables seraient donc, dans ce cas, à la merci de l'acquéreur ? Un tel résultat ne nous paraît pas admissible : le législateur aurait accordé d'une main, dans l'art. 772, ce qu'il aurait retiré de l'autre !

 Les commissaires du gouvernement ont prévu le cas et tranché la difficulté : « si l'acquéreur ou les créanciers « inscrits voulant laisser le droit de préférence s'écouler « et se perdre par le laps de temps, retardent l'ordre à « dessein, nul doute que le titulaire de l'hypothèque « légale ne puisse provoquer cet ordre. » (Rapport de la commission).

Les créanciers à hypothèques légales n'auront donc qu'à se présenter au greffe et à requérir l'ouverture du procès-verbal d'ordre sur le prix que l'acquéreur leur a fait connaître en faisant la purge légale, moyennant quoi leur droit de préférence sera conservé. Seulement le juge ne procédera à l'ordre entre les créanciers qu'après la purge de toutes les hypothèques.

En résumé, quel que soit le mode d'aliénation, s'il y a ordre amiable, les créanciers à hypothèques légales conservent leur droit de préférence à ces deux conditions :

1° que cet ordre soit ouvert dans les 3 mois qui suivent la purge du droit de suite.

2° que ces créanciers fassent valoir leurs droits avant la clôture dudit ordre.

Ce que nous venons de dire de l'ordre amiable devant le juge, il faut l'appliquer à l'ordre consensuel ou extraju-diciaire, que les créanciers peuvent faire devant notaire ou même sous-seing privé : la femme et le mineur arriveraient trop tard quand la clôture de cet ordre est faite (1). Tout est alors consommé, et la faveur des créanciers à hypothèques légales ne va pas jusqu'à faire revenir sur des opérations qu'ils ont laissé achever sans leur concours.

(I) Toutefois cette clôture ne peut être opposée à l'hypothèque légale que si elle a date certaine. (Voy. le Rapport de M. Riché).

2ᵉ cas — *Ordre judiciaire.*

Quand l'ordre amiable ouvert dans les trois mois de la purge du droit de suite n'a pu aboutir, par suite de ce que les créanciers n'ont pu s'entendre, il y a lieu à l'ordre judiciaire.

Dans ce cas, le droit de préférence ne se conserve pas jusqu'à la clôture de l'ordre, comme quand il s'agit d'un ordre amiable. L'art. 772 pour le cas d'aliénation volontaire, et l'art. 717 pour celui d'aliénation forcée, déclarent « que les créanciers à hypothèques légales ne conservent leur droit de préférence qu'à la condition de « produire à l'ordre avant l'expiration du délai fixé par l'art. 754. »

Ce délai est de 40 jours et se compte à partir des sommations adressées aux créanciers inscrits pour les mettre en demeure d'avoir à se présenter. Il en résulte qu'au cas où elles ont été faites en différents temps, les femmes, les mineurs et les interdits peuvent utilement produire tant qu'il ne s'est pas écoulé 40 jours à compter de la dernière sommation (1).

Ce délai expiré, il y a, pour les créanciers, forclusion de produire à l'ordre judiciaire, et le droit de préférence est perdu. Toutefois cette déchéance rigoureuse n'est encourue que par les créanciers non produisants dans les délais. Quant à ceux qui, ayant produit dans les délais auraient omis de joindre leurs titres à l'appui, la jurisprudence les admet à

______

(1) Voy. MM. Olivier et Mourlon, comment. de la L. 1858, n° 485.

les produire après l'expiration des quarante jours, sans qu'il y ait pour eux, forclusion.

Mais pour qu'il y ait un ordre judiciaire, il faut qu'il y ait au moins quatre créanciers inscrits. S'il y a moins de quatre créanciers inscrits, c'est un jugement d'attribution du tribunal qui remplace l'ordre judiciaire (C. proc. 773). Il suffira donc aux créanciers à hypothèques légales, pour conserver leur doit de préférence, de former leur demande, et puisque l'instance en attribution remplace ici l'ordre judiciaire, nous devons en conclure qu'ils jouissent des mêmes délais que les créanciers inscrits ; or ceux-ci peuvent faire valoir leurs droits tant que le jugement d'attribution n'est pas définitif à leur égard. Jusqu'à ce moment, donc, les créanciers à hypothèques légales pourront réclamer leur droit de préférence.

3e cas. — *Il n'y a lieu à aucun ordre.*

Si rien n'est fait depuis la purge, le laps de trois mois suffit pour éteindre le droit de préférence ; ce droit ne survit, par la faveur de la loi, qu'à la condition de se montrer actif. Si donc les créanciers inscrits restaient volontairement dans l'inaction pendant trois mois, le meilleur moyen pour les créanciers à hypothèques légales de conserver leur droit de préférence, serait de provoquer un ordre par eux-mêmes ou par leurs représentants.

Nous savons que la dispense d'inscription établie au profit de l'hypothèque légale de la femme, du mineur et de l'interdit, cesse lors de la dissolution du mariage, de la cessation de la tutelle et de la mainlevée de l'interdiction, et que, d'après l'art. 8 de la loi du 23 mars 1855, si la femme devenue veuve, le mineur devenu majeur, l'interdit relevé de l'interdiction, ou leurs héritiers, n'ont pas pris inscription dans l'année, leur hypothèque ne date, à l'égard des tiers, que du jour des inscriptions prises postérieurement.

Ceci posé, supposons que dans le cours de cette année qui leur est impartie pour prendre inscription, et qu'on a appelée pour cela année de grâce, l'hypothèque légale soit purgée. Elle peut l'être évidemment aussi bien que pendant la tutelle ou le mariage. Au bout de trois mois après la purge, s'il n'y a pas eu d'ordre ouvert, l'hypothèque sera totalement éteinte. Cependant la femme et le mineur sont encore dans les délais, puisque l'année de grâce n'est pas encore expirée : y a-t-il donc contradiction entre nos art. 717 et 772 et l'article 8 de la Loi du 23 mars 1855 ?

Pas le moins du monde, et la purge peut très-bien abréger la vie de l'hypothèque légale ; bien que l'année de grâce ne soit pas expirée, bien que la femme et le mineur soient dans les délais pour s'inscrire, la faveur du droit de préférence leur échappe, s'ils ne le conservent, conformément aux art. 717 et 772, par une production faite avant l'expiration du délai fixé par l'art. 754 dans le cas où l'ordre se règle judiciairement, et en faisant valoir leurs droits avant la clôture, si l'ordre se règle à l'amiable, et comme le droit de suite est déjà éteint, le bénéfice de l'hypothèque légale est irrévocablement perdu.

Telles sont les conditions auxquelles la Loi de 1858 a

— 151 —

subordonné la survie du droit de préférence au droit de
suite. La faveur que cette loi accorde aux créanciers à
hypothèques légales, la jurisprudence l'étend au créancier
qui est subrogé dans ces hypothèques légales non inscrites:
le créancier subrogé conserve son droit de préférence sur
le prix conformément aux art. 717 et 754 C. proc. par cela
seul qu'il produit son titre dans les délais déterminés par
ces art., et que son acte de produit contient demande en
collocation (1).

Nous arrivons à la 2ᵉ hypothèse prévue par l'art. 2195 ;
celle où une inscription a été prise dans le cours de deux
mois.

§ II. — *Il a été pris inscription.*

Lorsqu'une inscription a été prise du chef du mineur,
de l'interdit ou de la femme mariée, leur hypothèque est
conservée dans toute sa plénitude, tant au point de vue du
droit de suite qu'au point de vue du droit de préférence,
Mais cette inscription n'est que spéciale, elle ne protège
l'hypothèque des incapables que pour l'immeuble soumis
à la purge, et formant l'objet du contrat dont l'exposition
est dénoncée : ce n'est pas une inscription couvrant tous les
immeubles que grève l'hypothèque générale de la femme
ou du mineur (2).

Ceci posé, deux hypothèses peuvent se présenter: ou la

(1) Voy. Paul Pont, no 1422 en note.
(2) Troplong, hyp. T. 4 no 991.

femme, le mineur, l'interdit sont primés par des créanciers antérieurs, en tout ou en partie, ou ils priment tous les créanciers inscrits.

Si l'hypothèque est primée par des créanciers antérieurs en totalité, l'acquéreur est libéré par les paiements faits aux créanciers colloqués en ordre utile, et doit obtenir la radiation intégrale des inscriptions prises du chef de la femme, du mineur, ou de l'interdit; si les créanciers antérieurs n'absorbent qu'une partie du prix, l'acquéreur n'est libéré que jusqu'à dûe concurrence, et il ne peut obtenir que jusqu'à dûe concurrence aussi la réduction des inscriptions prises du chef des incapables, auxquels il doit compte de l'excédant du prix. — 2195 al. 2.

Dans la seconde hypothèse, où les créanciers à hypothèques légales sont les premiers en rang, « l'acquéreur ne « pourra faire aucun paiement du prix au préjudice des « dites inscriptions, et, dans ce cas, les inscriptions des « autres créanciers qui ne viennent pas en ordre utile « seront rayées. » 2195 in fine.

Le sens de ce dernier alinéa a besoin d'être précisé; les difficultés qu'il fait naître proviennent de ce que les créances garanties par l'hypothèque légale sont, en général, indéterminées. Examinons donc séparément la position des mineurs et interdits, et celle des femmes mariées ou des créanciers subrogés à leurs droits.

L'hypothèque légale des mineurs et interdits remonte, non pas, comme le dit notre art. 2195, à la date de l'entrée en gestion du tuteur, mais au jour où a commencé la responsabilité de ce dernier, c'est-à-dire au jour de l'acceptation de la tutelle. La créance du mineur est unique : c'est le reliquat du compte de tutelle qui ne peut être dès à présent établi, c'est une créance indéterminée, garantie par l'hypothèque légale à une date unique. Ce compte ne pouvant être réglé que lors de la cessation de la tutelle, le mineur a le droit d'exiger que la totalité du prix de l'immeuble reste entre les mains de l'acquéreur, à moins que celui-ci ne préfère le consigner.

Des mots de notre art. 2195 : « l'acquéreur ne pourra « faire aucun paiement au préjudice des dites inscriptions », M. Tarrible (1) avait conclu que l'acquéreur devait conserver le prix par devers lui jusqu'à ce que le moment fût venu de payer légalement. Cette opinion nous paraît excessive ; sans doute l'acquéreur ne doit pas payer entre les mains du tuteur ou du mari, c'est-à-dire précisément du débiteur hypothécaire, car ce paiement serait préjudiciable au mineur ou à la femme, mais rien ne l'empêche de consigner le prix ; cette consignation ne peut nuire aux créanciers à hypothèques légales, c'est tout ce que demande la loi (2).

Ce droit, pour l'acquéreur, de consigner, peut trouver aujourd'hui sa confirmation dans le nouvel art. 777 C. proc. (L. 21 mai 1858). Cet art. est bien rédigé en vue de l'art. 2186, mais en raison de la généralité de ses termes

(1) Voy. Répert. vᵒ Transcrᵒⁿ. § 7 nᵒ 7.
(2) Troplong. IV. 993.

(l'acquéreur qui veut obtenir la libération définitive de tous les priviléges et hypothèques) il peut trouver ici son application.

Ainsi le vœu de la loi est que l'acquéreur ne purge les hypothèques légales qu'en s'arrangeant de manière que son prix soit employé à éteindre, jusqu'à dûe concurrence, les créances qu'elles garantissent. La jurisprudence en déduit le droit, pour l'acquéreur, de se refuser à faire aucun paiement au vendeur ; bien plus, il pourrait encore faire ordonner la restitution des sommes qu'il lui aurait payées (1).

Le mineur donc peut exiger que l'acquéreur garde son prix par devers lui, s'il n'aime mieux consigner. Toutefois, la nécessité de concilier les intérêts des créanciers postérieurs avec ceux des mineurs ou interdits, a fait adopter un procédé de réglement qu'indiquait déjà Pothier (2) et que la pratique suit généralement : les créanciers postérieurs sont autorisés à demander la distribution entre eux du prix de l'immeuble, en offrant, pour la garantie de sa restitution éventuelle, lors de la reddition du compte tutélaire, un gage hypothécaire suffisant (3).

Ce procédé fut introduit par l'art. 16 de l'édit des criées de 1551 en ces termes : « il sera passé outre sur les « oppositions pour les créances éventuelles à la charge que

(1) Voy. Paul Pont, priv. et hyp. 1424.
(2) Coutume d'Orléans, t. 21 n° 139.
(3) Voy. Cass. 9 janv. 1855. Sirey, 55, 1, 125. Pont, 1426. Aubry et Rau, t. 3 § 255, note 15.

« les opposants postérieurs seront tenus obliger et hypo-
« théquer tous et chacun leurs biens, et bailler caution
« idoine et suffisante de rendre et restituer les deniers aux
« opposants qui seraient trouvés être précédents en hypo-
« thèque auxdits opposants auxquels la distribution aurait
« été faite. » (1)

Si les créanciers postérieurs ne pouvaient fournir ce gage, il est certain que l'ordre ne pourrait s'ouvrir qu'à la cessation de la tutelle. Nous ne croyons pas, quoi qu'en ait dit M. Bertauld (2), que le juge ait, en ce cas, à évaluer le maximum auquel pourrait s'élever le compte de tutelle. Cet expédient nous paraît d'autant plus difficile à admettre que la fortune du mineur est susceptible de s'augmenter dans le cours de la tutelle, pour des causes diverses et impossibles à prévoir.

Les divers droits et créances des femmes mariées contre leurs maris n'étant pas garantis par une hypothèque légale remontant invariablement à la date du mariage, il peut se présenter des hypothèques diverses.

Ainsi la femme peut avoir contre son mari des créances déjà existantes et ouvertes, en ce sens qu'elles ne dépendent plus d'aucune condition ; citons, à titre d'exemples, ses répétitions dotales, le prix d'un propre aliéné par le mari, l'indemnité des dettes auxquelles elle s'est coobligée avec son mari, et qu'elle a acquittées à sa décharge. Pour

(1) Voy. Dalloz, Répert. Priv. et hyp. n° 2325.
(2) Revue pratique 1860, X page 214.

toutes ces créances qui sont dès à présent existantes, et parfaitement déterminées quant à leur *quantum*, la femme peut demander une collocation actuelle et se présenter à l'ordre ouvert contre son mari.

Ce dernier point est incontestable quand la femme est séparée de biens ; elle peut alors produire à un ordre ouvert contre son mari, et cela sans autorisation : elle ne fait qu'exécuter le jugement de séparation qui la renvoie à poursuivre ses droits. Mais quand la femme n'est pas séparée, la question est discutée, et quelques auteurs refusent à la femme, même autorisée, le droit de produire.

Tant qu'il n'y a pas séparation ou faillite du mari, la femme, disent ces auteurs, ne peut faire valoir son hypothèque légale contre les détenteurs de biens assujettis à l'hypothèque ; toute demande de la femme avant l'arrivée de l'un ou de l'autre de ces événements doit être écartée comme prématurée.

Nous reconnaissons la valeur de cette objection, mais nous répondrons avec M. Troplong (t. II, 610) : sans doute, si la femme agissait directement contre son mari, pour se faire indemniser par lui et sur ses biens de l'obligation qu'elle a contractée dans l'intérêt de ce dernier, elle se verrait repoussée, l'eût-elle même acquittée, par l'exception tirée de ce qu'elle agit prématurément ; on lui dirait qu'elle doit attendre la dissolution du mariage ou provoquer la séparation de biens ; mais lorsque c'est par un fait étranger à la femme que son hypothèque doit se mettre en action, alors rien n'empêche que la femme agisse pour la conservation de ses droits ; ce n'est pas porter atteinte à l'autorité maritale.

La Cour de Cass. s'est prononcée dans ce sens par un arrêt du 19 nov. 1872 (Dalloz 73,1,38) infirmatif d'un arrêt de la Cour de Montpellier du 23 août 1870, qui avait rejeté la collocation de la femme sous l'unique prétexte qu'il n'y avait pas séparation de biens : « attendu, en « droit, que le fait générateur de l'hypothèque légale n'est « pas le jugement de séparation de biens, mais l'existence « même du mariage ; qu'en cas de vente forcée ou amiable « des immeubles sur lesquels cette hypothèque a été « inscrite dans les délais légaux, la femme est fondée à « en réclamer le bénéfice, même pendant le mariage, « sans avoir obtenu sa séparation de biens, qu'elle peut se « présenter à l'ordre et y être colloquée à son rang hypo- « thécaire.... etc; par ces motifs, casse.... etc. »

La femme, même non séparée, peut donc produire et être colloquée ; toutefois il y a une différence entre les deux cas ; si la femme est séparée de biens, elle pourra toucher immédiatement le montant de la collocation ; si elle n'est pas séparée, elle ne le pourra qu'après la séparation ou la dissolution du mariage ; dans ce cas, la collocation doit rester aux mains de l'acquéreur, être consignée ou versée aux autres créanciers qui donneront caution de la restituer (1).

Il peut y avoir, en second lieu, des droits dont le montant

---

(1) G. Troplong, IV, 993. Tarrible, Répert. V°. Transcription.

est connu, mais dont l'existence est éventuelle : Par exemple, les actions en remboursement des dettes contractées par la femme avec le mari, et que la femme pourrait ultérieurement payer, les gains de survie et autres conventions matrimoniales subordonnées à une condition quelconque.

Prenons la première espèce : la femme qui s'oblige solidairement avec son mari pour les affaires de la communauté ou du mari, n'est réputée, à l'égard de celui-ci, aux termes de l'art. 1431, s'être obligée que comme caution, et elle doit être indemnisée par le mari du montant de son obligation. Ce droit à une indemnité, comme toute autre créance de la femme, est garanti par l'hypothèque légale ; la femme, pour cette créance éventuelle, peut-elle, avant d'avoir payé ou d'être poursuivie se faire colloquer sur les biens de son mari ?

La question peut se présenter dans deux cas : le premier, quand il y a faillite ou déconfiture du mari, la dette étant échue, le second, quand le terme n'est pas arrivé et qu'il n'y a aucune apparence que le mari soit au-dessous de ses affaires.

Au 1er cas, l'art 2032 est positif ; il donne à la caution le droit d'agir contre le débiteur, même avant d'avoir payé, pour être par lui indemnisée ; si on objecte que l'art. 2032 s'applique aux cautions ordinaires, non à la femme, nous répondrons que dans le cas qui nous occupe, l'art. 1431 assimile la femme à une caution. Aussi la jurisprudence décide-t-elle que la femme peut réclamer une collocation actuelle jusqu'à concurrence de l'obligation souscrite par elle, comme si elle l'avait réellement acquittée (1).

Au second cas, où la dette n'est pas échue, où il n'y a ni faillite ni déconfiture du mari, la femme ne peut plus invoquer l'art. 2032. Pourra-t-elle néanmoins se présenter à l'ordre pour réclamer une collocation ?

Nous le croyons, seulement cette collocation ne sera que provisoire. Pourquoi, en effet, refuserait-on ce droit à la femme ? Il s'agit d'une mesure purement conservatoire et nous sommes dans les termes de l'art. 1180 ; cela ne peut porter atteinte à l'autorité maritale ; voyez, ajoute M. Flandin (Repert. v° priv. et hyp. 2232) quelles conséquences désastreuses aurait la solution contraire : si la femme était repoussée de l'ordre sous prétexte que son droit n'est pas encore ouvert, elle se trouverait privée de la garantie que lui assure son hypothèque légale : le mari ne pourrait-il pas par des ventes successives, lui enlever la plus grande partie de son gage et réduire ce gage à néant ?

Nous accorderons donc à la femme, pour les droits éventuels dont nous venons de parler, une collocation provisoire ; cette collocation consistera soit à laisser les deniers entre les mains de l'acquéreur (sauf à lui à les consigner), soit à les distribuer aux créanciers subséquents à charge par ceux-ci d'en garantir la restitution.

Il peut y avoir enfin des droits qui, n'ayant encore aucune existence, même conditionnelle, pourront prendre

____

(I) Voy. un arrêt de la Cour de Nancy du 20 Déc. 1871 (Dalloz 72. 2. 36).

naissance dans l'avenir. Que déciderons-nous à l'égard de ces droits ? Ici une nouvelle distinction est nécessaire.

S'il s'agit d'un droit qui, si la femme vient à l'acquérir, ne lui sera pas garanti par une hypothèque remontant à la date du mariage ou tout au moins à une époque antérieure à l'inscription des autres créanciers du mari, la femme ne peut réclamer aucune collocation ; à l'endroit de pareilles créances, la femme ne peut élever aucune prétention.

On nous objecte que cette solution viole l'art. 2195. 3, aux termes duquel « aucun paiement ne peut être fait au préjudice des droits de la femme. »

Sans doute, répondons-nous, aucun paiement ne peut être fait au préjudice des droits de la femme ; mais de quels droits ? De ceux évidemment pour la garantie desquels l'hypothèque légale remonte au jour du mariage ou tout au moins à une époque antérieure aux inscriptions des autres créanciers. Ce serait forcer le sens de notre art. que d'en étendre la disposition à des droits, qui ne prendraient naissance qu'après la clôture de l'ordre, ou à une époque telle, que l'hypothèque les garantissant se trouverait postérieure à l'inscription d'autres créanciers (1).

La femme ne pourrait également réclamer aucune collocation pour des créances qui, quoique ouvertes, ne seraient pas antérieures à la transcription de l'aliénation de l'immeuble faite par le mari ; cette transcription, en effet, a

(1) Voy. Bertauld, Revue pratique 1860 p. 209 et Aubry et Rau t. 3 § 295 note 16.

dessaisi le mari à l'égard des tiers, et notamment à l'égard de la femme ; dès lors elle ne peut faire inscrire son hypothèque sur des biens aliénés qu'autant qu'elle justifierait de l'existence actuelle, de droits à exercer contre son mari, elle ne le peut pour sûreté de créances qui peuvent naître à son profit postérieurement à la transcription de l'aliénation.

C'est ce qu'a décidé un arrêt *de la Cour de Nancy du 22 mai* 1869 (*Dalloz*, 69. 2. 201). Seulement cet arrêt parle des créances antérieures ou postérieures « à la vente », il faut substituer à ce mot : « vente » « transcription de l'aliénation ». C'est, en effet, à partir, non de la vente, mais de la transcription de la vente, que le vendeur est réputé, vis-à-vis des tiers, n'avoir plus la propriété de l'immeuble vendu (*L.* 23 mars 1855 art. 1). Or la femme, en tant que créancière hypothécaire, est un tiers à l'égard de son mari.

S'il s'agissait de créances qui, à raison de leur nature, seraient garanties par une hypothèque remontant au jour du mariage, nous accorderions à la femme une collocation provisoire (c'est-à-dire qu'on distribuerait les deniers aux créanciers postérieurs, moyennant garantie de restitution) à la condition toutefois que ces créances soient susceptibles d'évaluation.

Ainsi, par suite d'actes d'administration du mari, tels que l'aliénation d'objets mobiliers ou le recouvrement de créances appartenant d'ores et déjà à la femme, celle-ci pourra devenir créancière de sommes dont la restitution se trouvera garantie par une hypothèque remontant à la date du mariage ; le montant de ces sommes peut être apprécié par le juge, nous croyons que la femme sera fondée à demander une collocation provisoire (1).

S'il est impossible d'évaluer les sommes dont la femme peut devenir un jour créancière, nous hésitons à lui accorder une collocation même provisoire ; comment, à raison de la possibilité d'acquérir ultérieurement une créance, la femme aurait-elle le droit de s'opposer au réglement définitif des autres créanciers ? Une telle doctrine conduirait comme on l'a très bien dit, à rendre inaliénables les immeubles du mari, nous ne croyons pas qu'on puisse attacher un pareil effet à une pure éventualité.

Ce que nous venons de dire du droit, pour les femmes mariées, de réclamer une collocation, dans les ordres ouverts contre leurs maris, il faut l'appliquer aux créanciers qu'elles auraient subrogés à leur hypothèque légale : ceux-ci sont admis à réclamer, jusqu'à concurrence de leurs créances, toutes les collocations que la femme elle-même serait en droit de demander. Leur position est même, sous certains rapports, plus favorable que celle de la femme.

Ainsi, même en dehors du cas de séparation de biens, ils sont autorisés à toucher immédiatement les collocations actuelles obtenues du chef de la femme ; nous venons de voir, au contraire, que si la femme n'est pas séparée, elle

(1) Voy. Aubry et Rau, t. 3 § 295 note 15. Orléans. 29 mars 1862 Dalloz 62 2, 99

ne peut toucher : son droit, dans cette hypothèse, se borne à exiger la consignation des fonds ou leur versement entre les mains des créanciers postérieurs, à la charge, par ceux-ci, de donner caution de restituer à la séparation de biens ou à la dissolution du mariage.

Ainsi encore, aux termes de l'art. 1446, si le mari est en faillite ou en déconfiture, les créanciers, subrogés ou non à l'hypothèque légale de la femme sont autorisés à exercer tous les droits hypothécaires de leur débitrice, comme ils pourraient le faire, si la communauté se trouvait dissoute et que la femme y eût renoncé.

D'où résultent les deux conséquences suivantes :

1° Dans le cas où la femme aurait stipulé la reprise de son apport après renonciation (art. 1514), ses créanciers pourraient, pour le montant de cet apport, obtenir une collocation définitive, bien que la créance de la femme fût nécessairement conditionnelle.

S'il s'agissait d'un conquêt de communauté, les créanciers de la femme pourraient réclamer sur cet immeuble une collocation définitive ; tandis que la femme, ne pouvant exercer son hypothèque légale sur les conquêts aliénés par le mari qu'autant qu'elle a renoncé à la communauté, ne saurait obtenir sur eux, *durante communione*, qu'une collocation conditionnelle.

Le dernier paragraphe de notre art. 2195 dit que si les inscriptions prises du chef de la femme, du mineur ou de l'interdit sont les plus anciennes, les inscriptions des autres créanciers qui ne viennent pas en ordre utile seront rayées.

Ce texte est beaucoup trop absolu : l'acquéreur obtiendra cette radiation, toutes les fois que les créances garanties par l'hypothèque seront certaines et déterminées ; mais nous venons de voir que cela se produit rarement s'il s'agit des mineurs ou des interdits dont la créance est subordonnée à la gestion du tuteur.

Dans ce cas, notre art. ne recevra pas son application : lorsque les créances garanties par l'hypothèque légale seront indéterminées ou purement éventuelles, les créanciers postérieurs pourront faire maintenir leurs inscriptions jusqu'à la liquidation des droits des incapables, ou au moins obtenir une collocation conditionnelle qui leur profitera, si, par le résultat de la liquidation, il restait un excédant après la collocation des femmes, mineurs ou interdits.

Quant aux frais qu'entraîne la purge des hypothèques légales, qui les supportera ?

Les frais de purge des hypothèques inscrites sont, à moins de convention contraire, à la charge du vendeur. Ils viennent donc en déduction du prix, en cas d'ordre ou de réglement judiciaire, l'acquéreur doit être colloqué par préférence pour le montant de ces frais. C. proc. 774.

Nous appliquerons la même solution aux frais de purge des hypothèques légales dispensées d'inscription et non inscrites, alors du moins qu'il s'agit d'hypothèques grevant l'immeuble vendu du chef du vendeur lui-même ; il est bien juste, en effet, qu'il supporte les frais d'une procédure que sa négligence a rendu nécessaire, car il est en faute de ne pas avoir requis l'inscription.

Quant aux frais de purge faits par l'acquéreur dans le but de provoquer l'inscription d'hypothèques légales qui pourraient grever cet immeuble du chef des précédents propriétaires, nous distinguerons suivant qu'une inscription a surgi ou non : dans le premier cas, le vendeur ou ses créanciers supporteront les frais, en ce sens que l'acquéreur les prélèvera sur le prix, dans le second ils seront mis à la charge de l'acquéreur, car il ne serait pas juste de faire supporter au vendeur les frais d'une procédure engagée sans nécessité (1).

(1) Aubry et Rau, t. 3 § 294, texte et note 35.

CHAPITRE III.

De la purge légale du Crédit foncier.

(Décret du 28 février 1852 et Loi du 10 juin 1853).

La procédure de la purge légale que nous venons d'étudier n'est pas organisée pour les prêteurs de deniers : les art. 2193, 2194, 2195 qui organisent cette purge ne parlent jamais que de l'acquéreur, ainsi que nous l'avons fait remarquer plus haut, d'où il faut conclure que la purge légale n'a lieu qu'en cas d'aliénation.

Et cependant, si on considère l'immense intérêt qu'auraient les bailleurs de fonds ou prêteurs de deniers à faire apparaître des hypothèques dont la clandestinité est une menace et un danger, on est tenté de reconnaître qu'il y a une lacune dans le système du Code civil de 1804.

Quelle sûreté, en effet, offre un homme qui est ou a été marié, un tuteur, ou un homme qui, à l'insu du prêteur sur hypothèque, a exercé cette fonction, en présence des droits occultes et indéterminés qui peuvent apparaître un jour et primer toutes les créances inscrites ?

Evidemment, le prêt sur hypothèque, dans de pareilles conditions, n'est pas s'en danger. Mais fallait-il, pour cela, accorder le droit de purge à tous les prêteurs ? Cette mesure aurait eu les plus dangereuses conséquences : comme on l'a fait remarquer très-judicieusement, on serait arrivé d'une manière détournée à la destruction des hypothèques légales, puisque les femmes, les mineurs et les interdits se seraient trouvés, en fait, dans la même position que si leur droit n'existait qu'à charge d'inscription (1).

Le législateur a donc maintenu comme principe que la purge légale est uniquement établie dans l'intérêt des acquéreurs, pour faciliter et assurer les mutations d'immeubles, et n'a pas d'application au contrat de prêt : seulement, en raison des services que les sociétés de Crédit foncier sont appelées à rendre à la propriété foncière, et en considération de ce que la priorité de rang est indispensable à l'existence de ces sociétés, il les a mises à même, en leur accordant le droit de purge, de connaître, avant de réaliser leurs prêts, tous les droits occultes qui pouvaient grever les immeubles de l'emprunteur.

Deux textes législatifs réglementent cette purge spéciale accordée au Crédit froncier : ce sont le Décret du 28 janvier 1852, et la Loi du 10 juin 1853.

D'après le décret du 28 janvier 1852 (art. 8 et 24) la purge était obligatoire et devait comprendre, non pas seulement les hypothèques, mais encore toutes les autres charges occultes ou actions dont la propriété foncière peut être grevée,

---

(I) Remarque faite par M. Wolowski, le 5 avril 1846, au sein d'une commission dite *des hypothèques. (Revue de législ. 1845 v. 2, et p. 113 s.)*

comme les actions en revendication, les actions rescisoires et résolutoires, les priviléges non inscrits etc. Pour mettre tous ces droits en demeure de se révéler, un extrait de l'acte constitutif d'hypothèque devait être signifié aux précédents propriétaires soit au domicile réel, soit au domicile élu, ou indiqué par les titres. Cet extrait était publié dans l'un des journaux désignés pour les publications judiciaires, et la purge s'opérait après 40 jours écoulés sans inscription. (art. 24 du décret).

Les choses sont rentrées dans une mesure plus exacte par l'effet de la Loi du 10 juin 1853 : d'une. part, l'art. 2 de cette loi a rendu la purge purement facultative ; d'autre part l'art. 8 en a limité l'application aux hypothèques.

On a considéré (1) qu'à l'endroit des actions rescisoires, l'art. 24 du décret de 1852 attaquait des droits d'autant plus respectables qu'ils appartiennent à des personnes victimes de dol, de fraude, de violence, aux termes des art. 503. 887. 1304 et 1676 C. C. ; que, du reste, l'exercice de ces actions est assez rare pour ne pas offrir aux sociétés des dangers sérieux. Quant aux actions résolutoires, la purge en est devenue inutile en présence des dispositions de la L. du 23 mars 1855, qui était alors en discussion (Voyez l'art. 8 de cette loi pour l'action résolutoire du vendeur d'immeubles).

Dans l'état actuel de la législation, la purge accordée au Crédit foncier ne s'étend donc plus qu'aux hypothèques

---

(1) Voyez l'exposé des motifs et le Rapport de M. Suin au Corps législatif.

légales dispensées d'inscription ; ce privilége est suffisant,
du reste, pour permettre à la société d'assurer la sécurité de
ses prêts hypothécaires.

La loi du 10 juin 1853, comme le faisait du reste le
décret de 1852, établit une distinction suivant qu'il s'agit
de purger des hypothèques légales connues ou des hypothèques inconnues : la procédure de la purge n'est pas la
même dans les deux cas. On entend par hypothèques légales
connues celles qui compètent à des personnes dont l'existence et l'individualité sont suffisamment connues de la
société pour qu'une notification puisse leur être valablement
faite : la société acquiert cette connaissance soit par la
déclaration de l'emprunteur, soit par l'examen des titres, soit
par tout autre moyen. Les hypothèques légales inconnues
sont celles qui peuvent militer au profit de personnes dont
l'existence et l'individualité ne sont point connues de la
société de manière qu'elle puisse les mettre en demeure de
prendre inscription.

§ I. *Purge des hypothèques légales connues.*

Pour opérer cette purge, il faut signifier un extrait de
l'acte de prêt aux personnes ayant droit à l'hypothèque ou
à leurs représentants. Cet extrait doit renfermer, aux termes
de l'art. 20 du décret modifié par la L. du 10 juin, les
énonciations nécessaires pour faire connaître à ces personnes
le danger qui menace leur gage, c'est-à-dire : la date du
contrat, les noms, prénoms, profession et domicile de

l'emprunteur, la désignation et la situation de l'immeuble, le montant du prêt, et enfin l'avertissement que, pour conserver vis-à-vis de la société le rang de l'hypothèque légale, il est nécessaire de la faire inscrire dans les 15 jours à partir de la signification, outre les délais de distance.

Mais à qui cet extrait doit-il être signifié? Pour bien comprendre l'économie de la loi (Voy. art. 19. 21. 22 et 23 du décret modifié) distinguons entre le cas où les hypothèques légales, qu'il s'agit de purger, existent du chef des précédents propriétaires, et celui où elles existent du chef de l'emprunteur.

A. — *Hypothèques légales existant du chef des précédents propriétaires.*

Parmi les immeubles offerts en garantie, il s'en trouve un ou plusieurs qui, avant de passer dans les mains de l'emprunteur, ont appartenu à un homme marié ou à un tuteur, sans que les causes de l'hypothèque légale aient été éteintes avant l'emprunt. Nous supposons que les titulaires de l'hypothèque légale sont connus de la société et que celle-ci possède les renseignements indispensables pour pouvoir leur signifier un acte.

Dans ce cas, la signification doit être faite (art. 19 du décret modifié) :

1° à la femme et au mari ;

2° au tuteur et au subrogé-tuteur du mineur ou de l'interdit;

3° au mineur émancipé et à son curateur ;

4° à tous les créanciers non inscrits ayant hypothèque légale.

Il n'est pas nécessaire que la copie soit remise à la personne même de la femme ; il suffit qu'elle le soit à domicile, car le mari n'étant pas l'emprunteur, son devoir n'est pas aussi directement en opposition avec son intérêt.

S'il n'y avait pas de subrogé-tuteur, la société lui en ferait nommer un afin de lui signifier l'extrait.

Si le mineur était devenu majeur, si l'interdit avait été relevé de son interdiction, c'est à eux seuls que la signification devrait être faite, et si une année s'était écoulée depuis la cessation de la tutelle ou de l'interdiction, la purge elle-même deviendrait inutile, puisque l'hypothèque légale aurait dû être inscrite (L. 23 mars 1855. art 8).

La signification « à tous les créanciers non inscrits ayant hypothèque légale » dont parle le 4° de l'art. 19 est devenue inutile depuis la L. du 23 mars 1855. Il s'agit en effet, des tiers auxquels la femme aurait cédé son hypothèque ou qu'elle aurait subrogés dans cette hypothèque. Or, d'après l'art. 9 de la loi précitée, les cessionnaires de l'hypothèque légale de la femme n'en sont saisis à l'égard des tiers que par l'inscription de cette hypothèque prise à leur profit, ou par la mention de la subrogation en marge de l'inscription préexistante.

Il n'y a donc plus à l'égard des tiers, depuis 1855, de créanciers non inscrits ayant une hypothèque légale.

B. — *Hypothèques légales existant du chef de l'emprunteur.*

Quand l'hypothèque légale existe du chef de l'emprunteur, elle peut avoir sa cause dans le mariage ou la tutelle : la purge varie suivant ces deux cas.

Et d'abord, l'emprunteur est un homme marié : si la femme a été présente au contrat de prêt, elle a reçu du notaire l'avertissement qu'elle devra inscrire son hypothèque dans la quinzaine de la signification (avertissement mentionné dans l'acte, à peine de nullité de la purge) ; dans ce cas la signification faite à domicile, suffit, la femme doit prendre inscription dans le délai indiqué augmenté à raison de la distance, faute de quoi l'hypothèque est purgée, (art. 21 du décret modifié).

Malgré l'avertissement du notaire, la loi veut que l'extrait lui soit signifié afin qu'elle ait un titre avec lequel elle puisse prendre utilement l'avis de ses parents et de ses amis. Bien plus, l'extrait doit être signifié au mari lui-même afin de lui rappeler qu'il a le droit de prendre inscription, pour conserver l'hypothèque de sa femme (C.C. 2136) (1).

Si la femme n'a pas été présente au contrat, ou si le notaire (ce qui est peu probable) a négligé de l'avertir, il est plus important de remettre la signification à sa

___

(1) Cette signification au mari n'est-elle pas inutile ? Puisqu'il veut emprunter, on imaginerait difficilement qu'il voulût en même temps paralyser son crédit par une inscription sur ses biens.

personne, afin qu'il soit bien certain qu'elle a été prévenue. Dans ce cas, « si la signification n'a été faite qu'à son domicile, les formalités nécessaires pour la purge des hypothèques légales inconnues (Voy. infrà § 2) doivent, en outre, être remplies. » (art. 22).

On voit que la loi a accumulé les garanties pour mettre la femme à même de conserver son hypothèque par une inscription, lorsque cela lui paraît nécessaire.

La société ne fait pas procéder à la purge de l'hypothèque légale de la femme, quand celle-ci, mariée sous un régime qui lui permet d'aliéner ses droits, intervient au contrat de prêt ; elle se fait alors subroger dans l'effet de l'hypothèque légale jusqu'à concurrence de la somme prêtée ou en fait consentir antériorité à son profit. Elle fait inscrire et mentionner ces hypothèque, subrogation, et antériorité, et remplit les formalités exigées par la loi pour s'assurer la priorité de rang (Voy. L. 23 mars 1855 art. 9).

Supposons à présent que l'emprunteur soit tuteur d'un mineur ou d'un interdit : dans ce cas, la signification est faite au subrogé-tuteur et au juge de paix du lieu dans lequel la tutelle s'est ouverte. Dans la quinzaine de cette signification, le juge de paix convoque le conseil de famille en présence du subrogé-tuteur. Ce conseil délibère sur la question de savoir si l'inscription doit être prise.

Si la délibération est affirmative, l'hypothèque est inscrite par le subrogé-tuteur sous sa responsabilité, par les parents, ou amis du mineur, ou par le juge de paix, dans la quinzaine de la délibération.

Cette purge s'accomplit donc dans le délai de 1 mois : si le juge de paix ne réunissait pas le conseil de famille, dans la quinzaine, cela ne ferait que retarder la purge et par conséquent la réalisation du prêt ; quant au subrogé-tuteur à qui le décret confie spécialement le soin de faire inscrire l'hypothèque dans la quinzaine de la délibération, il serait tenu, s'il ne le faisait, d'indemniser le mineur du préjudice que sa négligence aurait pu lui occasionner.

Nous avons supposé jusqu'ici que le mariage et la tutelle subsistaient encore au moment de l'emprunt ; mais l'hypo-thèque légale peut avoir sa cause dans un mariage ou une tutelle antérieurs :

Lorsque l'emprunteur a été dans les liens d'un mariage actuellement dissous par la mort de sa femme, il peut être encore comptable des reprises envers les héritiers ou cession-naires de celle-ci, l'hypothèque légale continue de peser sur ses biens, à l'égard des tiers, sans nécessité d'inscrip-tion, pendant un an du jour de la dissolution du mariage. De même, s'il a été tuteur, s'il n'a pas encore rendu son compte et payé le reliquat, et s'il ne s'est pas écoulé un an depuis la majorité de son pupille ou depuis que l'interdit a été relevé de son interdiction, ses immeubles ne sont pas affranchis de l'hypothèque légale même non inscrite. La purge s'opère alors comme dans le cas où des hypothèques légales existent du chef des précédents propriétaires (*Voy. suprà lettre A*), c'est-à-dire par une signification faite aux personnes indiquées par l'art. 15 du décret modifié, et par l'expiration du délai de quinzaine, outre les délais de distance, sans inscription.

§ II. — *Purge des hypothèques légales inconnues.*

Il peut se faire que l'examen de la demande d'emprunt donne à penser à la société qu'il peut exister des hypothèques légales sur les biens offerts en garantie, ou que cet examen amène la découverte d'une hypothèque de cette nature, sans faire connaître les ayants-droit d'une manière suffisante pour qu'une signification de l'extrait puisse leur être valablement adressée.

Dans ce cas, la société procède à la purge de la manière suivante :

L'extrait de l'acte constitutif d'hypothèque est notifié au procureur de la République près le tribunal de l'arrondissement du domicile de l'emprunteur, et au procureur de la République près le tribunal de l'arrondissement dans lequel l'immeuble est situé.

Cet extrait est inséré, avec la mention des significations faites, dans l'un des journaux désignés pour la publication des annonces judiciaires de l'arrondissement dans lequel l'immeuble est situé.

L'inscription doit être prise dans un délai de 40 jours à compter de cette insertion, passé lequel, les hypothèques sont purgées.

C'est la loi du 10 juin 1853 qui a exigé la signification au procureur du domicile de l'emprunteur ; le décret de

1852 n'en prescrivait qu'une au procureur du tribunal de la situation de l'immeuble : on a pensé que les ayants-droit habiteraient le même arrondissement, et qu'ainsi le ministère public serait plus à même de leur faire connaître la signification qui leur est adressée.

Cette purge, on le voit, offre la plus grande analogie avec la purge sur aliénation d'immeubles, lorsque les titulaires de l'hypothèque légale ne sont pas connus de l'acquéreur, espèce visée par l'avis du Conseil d'État du 9 mai 1807.

TABLE DES MATIÈRES

POSITIONS.

I. Le créancier évincé de la chose qui lui avait été donnée en paiement, pouvait exercer à la fois l'action *utilis ex empto* et l'action attachée à l'obligation primitive.

II. L'exception *rei judicatæ* ne laisse pas subsister d'obligation naturelle, à moins que l'absolution du défendeur n'ait été la conséquence d'une faute de procédure commise par le demandeur. *Nec obstant* : *L. L.* 60 *et* 28, *D. de condict. indebiti.*

III. Il en est de même de la prescription.

IV. Lorsque le débiteur se retrouve en possession, en vertu d'un titre nouveau, de la chose aliénée jadis avec le consentement du créancier hypothécaire, l'hypothèque ne renaît pas. *Nec obstat* : *L.* 8, § 7, *quib mod.*

V. Au droit romain classique, l'action hypothécaire ne survivait pas à l'extinction de l'action personnelle temporaire, garantie par hypothèque..

VI. Lorsque la *justa causa*, en vertu de laquelle la propriété avait été transférée, était pure et simple, mais résoluble sans condition, il était généralement admis, dans le droit classique, que la condition résolutoire, en s'accomplissant, ne faisait pas revenir la propriété à l'aliénateur.

DROIT FRANÇAIS.

I. L'adjudication des immeubles d'un failli, prononcée à la requête des syndics, quand elle n'a pas été suivie de la surenchère du dixième établie par l'art. 573 du Code de commerce, ne purge pas virtuellement les priviléges et hypothèques.

II. L'hypothèque légale de la femme mariée, pour ses dot et conventions matrimoniales, remonte, non au jour du contrat de mariage, mais au jour de la célébration du mariage.

III. Le délai de 2 mois de l'art. 2194 est un délai unique, dans lequel les créanciers à hypothèque légale doivent prendre inscription et surenchérir.

IV. La femme a-t-elle droit à une collocation pour des créances qui ne sont pas encore nées à son profit au moment de la transcription de l'aliénation de l'immeuble? Il faut distinguer.

— 183 —

V. La purge peut abréger, au préjudice du mineur, de
l'interdit ou de la femme mariée, le délai d'un an
qui leur est donné par l'art. 8 de la loi du 23
mars 1855 pour inscrire leur hypothèque, mais
elle ne peut, en aucun cas, augmenter ce délai.

VI. La femme peut réclamer une collocation provisoire
et éventuelle pour l'indemnité des dettes par elle
contractées avec son mari, et cela, avant de les
avoir acquittées.

VII. La femme, soit qu'elle accepte la communauté, soit
qu'elle y renonce, peut invoquer son hypothèque
légale sur les conquêts de communauté aliénés
par le mari.

VIII. La renonciation de la femme à son hypothèque légale,
au profit d'un acquéreur, doit être rendue publique aux termes de l'art. 9 de la loi du 23 mars
1855, et il n'y a pas à distinguer si cette renonciation est translative ou simplement abdicative.

IX. L'inscription prise par le subrogé à l'hypothèque légale
de la femme profite-t-elle à la femme elle-même?
Il faut distinguer.

I. Le pavillon neutre couvre la marchandise ennemie
excepté la contrebande de guerre.

II. Le blocus, pour être respecté par les neutres, doit être effectif, c'est-à-dire suffisamment maintenu pour interdire l'accès du littoral de l'ennemi.

HISTOIRE DU DROIT.

I. La transmissibilité des offices est d'origine canonique.

II. La règle du partage déclaratif a été imaginée par les praticiens des XVIe et XVIIe siècles pour rendre compte de l'immunité fiscale dont jouissaient les partages.

DROIT PÉNAL.

I. L'interdiction légale ne résulte pas des condamnations par coutumace.

II. Les circonstances aggravantes dérivant de qualités personnelles à l'auteur principal, ne doivent pas étendre leur effet au complice.

Vu par le Président de la thèse,

C. BUFNOIR.

Vu et permis d'imprimer,
Le Vice-Recteur de l'Académie de Paris,
MOURIER.

Imprimerie A. DERENNE, Mayenne. — Paris, rue Saint-Séverin, 25.

IMP. A. DERENNE, MAYENNE. — PARIS, RUE ST-SÉVERIN, 25.

www.ingramcontent.com/pod-product-compliance
Ingram Content Group UK Ltd.
Pitfield, Milton Keynes, MK11 3LW, UK
UKHW021523090726
13657UKWH00001B/394